Yilin Illustrated Classics

有声双语经典

The Princess Pocahontas

风中奇缘

[美国] 弗吉尼亚·沃森 著
许丹 译

译林出版社

微信扫描二维码收听英文有声书

每一个灯光漫溢的夜晚

去年开始，京东图书商城的运营者们在网上做了一档很不错的栏目，叫作“大咖书单”，我记得是在第四期时，我为这份书单推荐了两本书，《杀死一只知更鸟》和《奇风岁月》，到第七期又推荐了两本，《老师，水缸破了！》和《天虹战队小学》。回过头一想，赫然惊觉，两次推荐的四本书，居然都是出自译林出版社。潜意识里我对这家出版社是有多偏爱啊，我那么自觉自愿地、一往无前地做了译林社的一名“吹鼓手”。

没有办法，喜欢就是喜欢，没有道理可讲。

喜欢译林出版社的书，其实是因为我喜欢外国文学作品。细究起来，我对外国文学的热爱，源自童年那个无书可读的时代。我在扬子江边一个小小的县城长大，我父母工作的学校是当地最好的县中，县中图书馆多少有一些藏书，“文革”开始的那一年，书籍和老师们一同被揪出来示众，之后老师们游街，图书拉到操场一把火烧毁。图书馆主任“火中抢栗”，偷出一纸箱运回家中。主任的儿子跟我小学同班，因此我沾了他的光，把他父亲秘藏的小说书一本一本地搬运出来，在一双双黝黑的小手中辗转一圈之后，再神不知鬼不觉地偷放回去。那位图书馆主任可能比较“崇洋媚外”，弄回家的小说大都是世界名著，我对于外国文学的兴趣，便是从那时开始的。

那时年幼，读书不求甚解，又因为是背着大人们的“偷阅”，读书过程基本是囫囵吞枣。很多书传到我手里的时候缺头少尾，只剩下中间三分之二的篇幅，精彩之处戛然而止，急得我抓耳挠腮。页码齐全的书，抓到手里翻开就读，书名是什么，作者何人，很奇怪地忽略不计，一点儿不想知道。及至十年之后我上了大学，外国文学开禁，我在北大图书馆发疯一样地狂读名著时，时不时会在心里惊叫一声：这本书不是我小时候读过的吗？于是，嗅着书中陈年纸张散发的潮湿气味，心里涌出一种老朋友失而复得的狂喜。也有一些书，童年时候莫名其妙地读过了，却是踏破铁鞋无觅处。它们就这样永远地从我的生活中消失了，像无数消失在我生命旅途的朋友和家人。

高二那年，妹妹的同学借了我一套肖洛霍夫的《静静的顿河》。在我的生命中，那是一次飞跃，此后的这么多年我以文学为生，应该与那一次的阅读震撼有关。书中的那个哥萨克人格利高里，很长时间中成为我欣赏男性的标准。书中描写的顿河风光，至今都在我的脑子里鲜活和闪亮。

十九岁，我在农场插队。一个飘雪的冬夜，农场宣传队在场部排练节目时，电突然停了，礼堂里一片漆黑。一个只读了三年小学的农场工人对我们说："我来讲个故事吧。"他讲的那个故事叫《茶花女》。一直到今天我都觉得那个晚上的情景像梦。在那个不准读书的年代，那个没有文化的乡村，初小没有毕业的农民居然讲出法国作家小仲马的名著。那个漆黑凄美的冬夜，从此也深深刻印到我的记忆之中。那是我第一次领略悲剧作品的魅力。几年之后，时代剧变，我买到了《茶花女》的小说，听过了《茶花女》的歌剧，看过了同名电影，我从一切形式的《茶花女》中寻找那个雪夜的感觉，然而再不可能，最好的都是唯一的。

一九七八年初春进入北大，那一年外国文学还没有开禁，北大图书馆里辟出很小的一个房间作为"外国文学阅览室"，每星期三的下午，允许中文系文学专业的学生凭学生证进入阅读。我的印象中，那间阅览室只能容纳十几二十几个学生，每次开放，排在前面的同学才有机会被老师放进门去。于是那一年的“星期三”成了我们的排队日，匆忙吃过午饭，碗都来不及洗，拔脚往图书馆飞奔，一行人安静地在阅览室门外排队，等待两点钟开门放人。除却寒暑假、节日、有课的日子、有重要活动的日子，剩下的“星期三”并不是很多，所以每一次的阅读时间弥足珍贵。一书在手，全身心地扑上去吞食，每每到五点钟闭馆交书，站起身来，头晕目眩，虚脱的感觉。那种阅读，耗出去的不仅仅是脑力，还有巨大的体力。

一九七八年，人民文学出版社开始重印外国文学名著。刚开始的时候人多书少，全班同学轮流着到海淀新华书店通宵排队购书。那时年轻，通宵不眠为了买一本书，丝毫不觉辛苦。慢慢地书越出越多，时常到书店转悠，冷不丁地就碰上新书上架。排长队是不必了，痛切的感觉是口袋里钱太少。那时发下的心愿是哪一天发了财，可以把书店里的新书都掳回来。转眼三十年过去，谈不上发大财，买书是可以不计价钱了，可是看着书店里铺天盖地的图书，想到书架上还有很多书不及阅读，解囊的兴致少了许多，挑挑拣拣，带个一两本回家，心中并没有太多欣喜。人生的悲哀真正是无处不在。

还是回到一九七九年。印象之中，《世界文学》《外国文艺》《译林》这些杂志都是在那时候陆续复刊和创刊的。这些刊物着重介绍外国现当代文学，并且以中短篇幅的为主，对于习惯了阅读古典长篇的我们，眼前似乎又打开了另外一个世界。我非常清楚地记得，同班同学陈建功有一次读到格雷厄姆·格林的短篇《永远占有》，佩服得五体投地，双眼发光地跑来跟我们说："我真想跪在格林面前向他致敬！"

童年的阅读实在重要，它奠定了一个人终生的阅读口味。检点我书架上的书籍，百分之八十是外国文学作品。我曾经订阅过的刊物，有《世界文学》《外国文艺》《译林》《译文》《世界电影》……统统跟外国文学有关。几十年中，每一个灯光漫溢的夜晚，阅读这些缤纷华彩的文字，感觉世界离我很近。文字中写到的每一个角落，都是我心灵去过的地方。我占有了这些作品，我就占有了这个世界。

在我的印象中，译林社出的每一本书，无论是社科类的，还是人文类的，都值得读者收藏。而在译林社所出的文学类图书中，外国儿童文学作品又属精品中的精品，比之国内大多数专业少儿社所出的图书，译林社的视野更宽，选择标准更高，口味也更纯粹。很敬佩译林社的众多编辑们，他们敬业而又专业，总是能从全世界浩如烟海的各类书籍中挑选出最值得国人阅读的那一部分，延请最好的翻译家、最好的画家和设计师，做出一本又一本端庄而精致的图书，送到读者的面前。每次徜徉在灯光明亮的书店，或者打开手机上网搜索，译林社的新书总是我最中意的目标，我信赖译林社的出品，而且基本上不会失望。

翻开这套“有声双语经典”的书目，里面的作家和作品都是我熟悉的名字。有些书是在童年和少年时代各种侥幸落入我的手中的，有些是读大学时列入必读书单需要细读的，还有一些，比如《小王子》，比如《绿山墙的安妮》，少年和青年时代居然都错失了它们，是我在人到中年之后才补读完成。更有一部分，年轻时读过，花甲之年又重新捧起，是为了重温之后可以为我的小外孙女们详细讲解。在此我愿意把这些书目推荐给小读者们，是因为这样的一套书当之无愧地应该成为你们最好的朋友，会帮助你们更加优雅地长大。

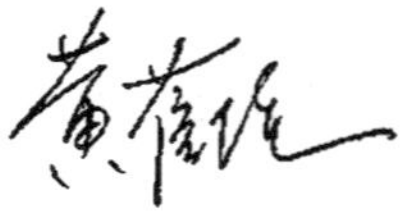

作品导读

《风中奇缘》讲述了美洲印第安少女波卡洪塔斯与英国殖民者交往的故事。本书是对真实历史事件的改编和演绎，取材自美洲殖民史上的一位传奇少女，因其早期与美洲英属詹姆斯敦的殖民者交往而闻名。波卡洪塔斯是英属弗吉尼亚地区印第安部落波瓦坦族的酋长波瓦坦的女儿，对于促进波瓦坦人与英国殖民者之间的和平乃至友谊发挥了重要的作用。她一生短暂，只活了22岁，却给后世留下了很多充满传奇色彩的精彩故事。

波卡洪塔斯最著名的事迹是拯救了英国上尉约翰·史密斯。17世纪初，英国殖民者在上尉约翰·史密斯的带领下，远渡重洋，在美洲弗吉尼亚地区插上了英国国旗，又以英王的名字将其新殖民地命名为詹姆斯敦。同这些英国人，特别是约翰·史密斯的传奇交往经历，使得波卡洪塔斯成为西方世界家喻户晓的人物。

历史上，波卡洪塔斯的本名为阿蒙纽特，闺名是玛托卡，“波卡洪塔斯”是她的昵称，意为“小顽皮”，得自她天真快活的个性。在本书开头，她在自己的叔父身上搞了一次无伤大雅的恶作剧，让我们了解了她活泼、爱嬉闹的个性。除此之外，她还是一个充满求知欲，有着旺盛好奇心的孩子。白人对她来说充满了神秘感，是来自另一个世界的生物。好奇心和善良的本性促使她从父亲的行刑令下救下了约翰·史密斯。虽说是要将其作为自己的俘虏，但波卡洪塔斯充满善意地对待他，与之建立了深厚的友谊，并通过他了解了白人的语言以及文化，这为日后波瓦坦部落与英国人建立友好关系奠定了基础。她向父亲求情，延缓部落的战争行动，并多次为殖民者送去生活必需品，促进了两方的和睦相处。

但双方的关系在约翰·史密斯因为一次爆炸事件受伤而离开殖民地后受到了挑战。波卡洪塔斯恪守诺言，尽心尽力为殖民者们提供支援和物资支持。离开了史密斯这个纽带，双方的关系日益恶化，上尉阿高尔甚至绑架了波卡洪塔斯，将其作为筹码来向波瓦坦争取利益。波卡洪塔斯在被俘期间得到了妥善的对待，借由自己极强的学习能力，她快速融入英国人的文化。此外，她还与英国人联姻，并远渡重洋来到英国，接受英国人的礼遇，因此进一步巩固了印第安部落与殖民者双方的和平关系。全书借由精彩的故事和紧张的情节，淋漓尽致地展现了波卡洪塔斯的种种美好品质，体现了她纯真、勇敢、富有生命力的少女特质。书中没有写到的是，波卡洪塔斯在离开英国返回家乡的途中，不幸染上重病身亡，年轻的生命终结在22岁。

波卡洪塔斯的故事在其死后几个世纪里成了许多浪漫传说的根源，后人将其改编为一系列的文学、艺术及影视作品，包括迪士尼1995年出品的动画电影《风中奇缘》。电影用亲情、友情和爱情冲淡了白人殖民美洲的血腥历史，这遭到了很多人的批评。但不可否认，作为一位传奇女性，波卡洪塔斯的故事仍旧让无数人着迷。她那勇敢、善良、热情的天性，以及她为英国人与美洲印第安人之间的友谊所做出的贡献，都让人们永远地铭记这位印第安公主。

（许丹/文）

目录

第1章

武士归来

奥普查坎奴和他的武士穿过白茫茫的森林，沉默地向前行进着。雪花安静地飘落在他们四周。

他是一位印第安酋长，此时正前去向波瓦坦通报他刚刚打下的胜仗。他不是十分确定自己已经杀了所有的敌人。这场晚冬的雪姗姗来迟，出人意料，风裹着雪花吹进他们的眼睛里。

高大的橡树林中，他带领着长长的稀稀拉拉的队伍在开阔的通道上穿行。突然，一支箭从他的脸颊旁飞过。首领一声高呼，长队立刻向右一摆，五十支箭齐刷刷朝北射去。四周仍是一片静默，没有埋伏敌人的疾呼，也没有其他人类的迹象。

酋长与自己的武士商讨起箭的来向。谈话间，还有一支箭从右方射来，并从他面前飞过。

“糟糕的弓箭手，”他哼了一声，“两发都射不中。”他指向一棵高大的橡树，命令道：

“把他带过来。”

两名武士朝那棵树冲去，所有的目光齐刷刷盯向那里。那里一片雪白，但有一个白色的东西在移动。两名武士一到树干处，就高兴又轻蔑地大叫起来。

那白色的人影快速地移动着。它在树枝上一荡，抓住更高的一根树枝，似乎决心甩掉追兵，朝树顶攀去。但那两名武士并没有把时间浪费在追逐上。他们如黑豹一般在空中跃起，抓住树枝，大力前后摇荡。那活物的脚在树枝上一滑，跌落在武士张开的手臂中。

在充满好奇的同伴的簇拥下，两名武士将战利品呈给首领，放在他面前的地上。他跪下来，拿开遮住脸的兔皮帽子，接着又惊又怒地叫出来：

“波卡洪塔斯！你在玩什么把戏？”

那穿着白色皮毛的人站起来，不停大笑，连最为年长和严肃的武士都禁不住微笑起来。但是首领不为所动，他太生气了。沦为这孩子的笑柄侵犯了他的威严。他摇着自己的侄女，说：

“我问你，这到底什么意思？什么意思？”

波卡洪塔斯这才止住笑，答道：

“我想亲眼见识下您有多么勇敢。我的弓箭术没那么糟糕，叔父。我不想射中您，才朝您旁边射去的。但是坐在树上看你们突然停下来太有趣啦！”

这番解释让多数人再次大笑起来。

“说实话，她的名字起得不错，”他们叫道，“波卡洪塔斯，小顽皮。”

“但我还有一个名字啊，”她对离自己最近的一位年长武士说，“你不知道吗？——玛托卡，小小的雪花羽毛。”

她的叔父现已恢复平静，打算再次上路。他转身对抓到波卡洪塔斯的两名武士下了命令：

“既然我们抓到了俘虏，就把她带到波瓦坦那里审判和看管吧。刚刚我们要是朝树上射箭，她可能已经死了。确保不要让她逃脱。”

然后，他继续在森林中穿行，不再关注波卡洪塔斯。

尽管对自己玩笑的结果相当满意，波卡洪塔斯可不想被当作俘虏带回家中。她的父亲可能觉得这并不好笑。更重要的是，她不喜欢输给别人。她弯下腰来，佯装要系牢自己的鹿皮鞋，接着却闪电一般向左方冲去，在他们想到要抓她之前滑进一个小坑。波卡洪塔斯熟悉每一寸土地，就这样溜回到森林之中。

她的叔父对此毫不知情。他正打算给自己的王兄说说这孩子有多么淘气。

等他们到达村庄，天都快黑了。他走进木屋，一眼看到房中火堆前端坐着他的兄弟波瓦坦。接着他又认出自己的侄子瑙陶库斯和波卡洪塔斯的妹妹克莱奥帕特拉。波瓦坦的脚边蜷缩着一个孩子，身着黑色的长袍，脸埋在阴影里。

他开始自豪地通报自己如何将敌人追击到河边的一座山上。讲完之后，他转向波瓦坦说道：

“兄长，我们回来穿过森林时，一支箭从西边射来，从我脸前飞过。接着第二支箭从橡树的枝条间飞出。我们抓住了弓箭手。你猜我们发现了什么？一个女孩！”

“女孩！”波瓦坦震惊地重复道，“是我们部落的吗？”

“是的，兄长。我把她押在门外了，听候你的发落。她威胁到了你兄弟的生命，而她忘了自己并不是个男孩。把犯人押进来。”他命令道。

但没有人向前。押解波卡洪塔斯的年轻武士明智地守在人群的外围。

这时波瓦坦脚边小小的黑色身影站起身来，火光映在她的脸和深色头发上。她轻轻地问：

“您想找的是我吗，叔父？”

“波卡洪塔斯！”奥普查坎奴惊呼道，“你是怎么先我们赶到这里，还穿着黑色的袍子？”

“波卡洪塔斯跑起来比她的弓箭术厉害。叔父，换件袍子不过是片刻的事。”

“这是怎么回事，玛托卡？”波瓦坦问。

“不过是个玩笑，父亲。”波卡洪塔斯答道，“我没有恶意。”她垂下脑袋，等着父亲发话。

“我不允许在我的土地上有这种玩笑，”他生气地说，“记住了。”

奥普查坎奴还在生气，又问道：

“你不打算惩罚她吗？”

“我会的，”波瓦坦答道，“你们都去客房吧，我随后就来。”

这会儿木屋里只剩统管三十个部落的大首领和他的女儿了。女儿仍垂头丧气地站在那里，波瓦坦纳闷地注视着她。她等着父亲开口，但他一直沉默着，于是她转过身来直视着他的脸说道：

“父亲，您知道做一个女孩有多难吗？我的哥哥瑙陶库斯跑得飞快，但我比他还快。我射出去的箭跟他的一样笔直，虽然没他那么远。不吃不喝我能走得和他一样久。我跳起舞来不知疲倦，而他却气喘吁吁。但我的哥哥却要成为一位伟大的武士。这不是很难吗，我的父亲？那您又为什么要给我强壮的四肢和不安分的心呢？不要责备我，父亲，因为我必须大笑，奔跑，玩耍。”

说话时，她慢慢跪下来，抱住父亲的双脚。说完后，她抬起头，勇敢地冲着他的脸微笑。

波瓦坦努力不被这孩子的请求打动。她对于他如此珍贵，正如流水对于骄阳那般。如果有时它的水花溅得太高，他能够动怒吗?

波卡洪塔斯看出父亲已经息怒。她站起身来，头抵住他的胳臂。他用手抚摸着她柔软的头发和面颊，于是她知道自己得到了原谅。

“你的叔父很生气，”他说，“我已经答应他要惩罚你了。”

“是的，如您所愿。”但她不再开口，似乎非常害怕。

“听好我的惩罚，”他带着戏谑而严肃的口吻说，“你要用羽根和珍贵的贝壳亲手为我装饰一件浣熊皮袍子。”

波卡洪塔斯大笑起来。

“那可不是什么惩罚。我要为您制作一件您从未见过的袍子。但您永远不要真生我的气，好吗，父亲? ”她用恳求的语气问道。

波瓦坦微笑着答应了。之后，他起身往客房去了。

第2章

约翰·史密斯

在海上经历了近五个月的颠簸后，“发现”号、“神速”号和“苏珊·康斯坦丁”号在詹姆斯河开阔的河口处抛锚停泊。曾吓坏过印第安少女的白色船帆此时正拍打着桅杆。

远征于1606年12月从英格兰开始。三艘船上满载经验老到的探险者，还有那些从没有一天远离过自己岛国的人。他们此时正在商议。

有很多事要考虑。安居点必须靠近岸边，这样来自家乡的船只就能尽可能减少延误抵达此处。同样，这个地点还必须有益健康，并且易于防守。

“发现”号的船首上站着一个男子，对身后的争论充耳不闻。他个头不高，却强壮有力。长长的络腮胡和唇髭让人看不到他的嘴唇。经年的风霜在他的鼻翼两侧刻下了深深的纹路。额头高挺宽阔，头发浓密，眉毛又黑又高。他站在船舷边，举着一只小望远镜，缓缓地扫视过每一个方向。

一名水手拨开舱门周围的人群，朝船首的男人走去。

"史密斯上尉，"他说，"纽波特上尉请您过去。"

约翰·史密斯转过身来，缓缓走着，疑惑接下来会做出什么决议。他走进小小的船舱，看到一群人坐在扶手椅里。他进来时，他们朝他致意，但是并不真诚。他很清楚在这之前他们在议论他。他一言不发，坐了下来。

这场会议的目的是为接下来的一年选举首长。借由他们对他不友好的态度，史密斯现在确定，他们一定在他还在舱外时就做好了决定。结果宣布：温菲尔德将成为殖民地的第一位首长。史密斯发现，在这间小小的会议室里，甚至没有人提起自己的名字。

其他人大多带着愉快的微笑朝他看去，以为会看到他失落的神情。但他面不改色，站起身来说：

"先生们，请允许我提议以我们仁慈的君主詹姆斯国王的名字，来为我们的新殖民地命名。"

所有人都站起来大喊："就叫詹姆斯敦！"接着安居点也选好了。纽波特上尉说："我们靠岸去标记詹姆斯敦的地点吧。"

除了几名留下来守卫的水手，大家都下了船。史密斯独自漫步在乱糟糟的灌木丛和开花藤蔓中，受惊的知更鸟和猫鹊猛冲出去。

他停了下来，眉毛拧成一团。深切的失望占据他的内心，他的自尊心受到了严重的打击。他伫立在那里，凝视着河对岸那深深的草丛，思索着关于自己未来的决定。

“我为何还要留在这里自取其辱呢？”他疾呼，“我要驾驶着‘发现’号回去，去进行新的冒险也行。”

草丛中一阵沙沙声，史密斯急忙转过身来。那里站着他的三位朋友。

“我们是你的朋友，上尉。因为你，我们才来这块陌生的土地谋求财富。既然你无法参与事务管理，那我们离开这座岛吧。你说呢，上尉？”

史密斯没有立刻回答。这些人的善意在此刻深深地打动了他。“要是我们有本事弄来一些货物和一条船，你们愿意让我带领你们离开去寻找我们自己的岛吗，武士们？”他问道。

“愿意，上尉！”三人高喊。

每一天，清理场地以及安营扎寨都明显要比前一天进行得更为迅速。所有人都很疲倦。史密斯对于别人对待他的方式非常不满意。他急切地抓住了一个离岛的机会。

史密斯与纽波特上尉及其他二十个人一起，乘坐一只小船去探索河流的上游。他们远行至波瓦坦村落的一个大瀑布，之后又游荡了几天，这才回到詹姆斯敦。

回到安居点，他们得知了一个坏消息，他们不在期间，印第安人杀死了一个男孩，并射伤了十七名殖民者。幸运的是，从大船上发出的一声枪击吓到了这些野蛮人，他们这才朝林子里逃去了。

时下正是 6 月。突然，让所有人震惊的是，印第安人来到这里，并打着想要与白人交好的手势。他们从船上跳下，摸着殖民者的衣服、枪支和食物。他们对一切都表现出极大的好奇心。

之后，在 6 月 7 号，殖民者站在河岸上，神情庄重地注视着“发现”号启航前往英国。大船载着纽波特上尉离开了，把这些人留在这片处女地上，也在他们心中留下了许多疑问和恐惧。

第3章

沼泽一战

在威洛沃科莫科，每日都散布着关于这些陌生白人以及他们奇怪习惯的传闻。

接着传来了一个令人感到安慰的消息，一个白人男孩被箭射死了。所以他们到底还是凡人，酋长们说。既然这些人也会挨饿、口渴、受伤，他们决定筹划对策。

很多酋长都敦促立刻采取行动。波瓦坦的儿子瑙陶库斯是其中最为急切的一个。虽然年少，他已经为自己赢得了伟大武士和强壮猎手的美名。

“让我去吧，父亲。”他请求道。

“再等等！”波瓦坦只是这么回答。

尽管年事已高，波瓦坦也感受到了行动的迫切性。当自己的想法被最喜爱的儿子讲出口时，他的心为之一动。

他渴望挑起战事，悄悄穿过森林，跟踪那些胆敢在自己的土地上落脚的陌生人，然后对他们发起进攻。但他不敢这么做。他不仅在战争时是一位伟大的首领，和平时也是自己子民的领袖。

瑙陶库斯从父亲的屋中走出，带着弓箭去森林里打猎。失望时，他讨厌多言，而喜欢做事。他快速地奔跑着，到达一处他确信会有一群野火鸡的地方。突然他在前面看到了波卡洪塔斯。她也匆匆忙忙，明显有什么事情占据着她的注意力。她没有停下窥探那些鸟，也没有像以前那样采花。

“玛托卡，”他叫道，“你要去哪儿？”

“去看那帮陌生人，还有他们巨大的白色鸟儿，哥哥。我没法停下来，急着想知道它们长什么样子。”

“你没听到父亲的命令吗？谁也不允许靠近陌生人的岛屿。”

“父亲没这么命令我，”她骄傲地答道，“你知道，很多他禁止别人做的事，都会同意我做。”

“但这件事不行，妹妹。在这件事上违抗他的命令，他会严厉处罚你。跟我回去吧，玛托卡。你可以帮我射箭。”

波卡洪塔斯不愿放弃自己筹谋已久的远征。但她努力说服了自己。和哥哥一起打猎，看谁能捕猎更多的火鸡是件很有趣的事。

詹姆斯敦是真的缺乏食物。食物贮存量日益告急。约翰·史密斯认为食物是殖民地的第一需求品。他已经几次沿着不同的河流向上探索，以期能找到食物，但再次一无所获。饥饿威胁着殖民者们。

一定要马上做点什么。委员会坐下讨论这项危急之事。约翰·史密斯上尉等别人都发过言后，站起来开始说道：

“先生们，只有一件事可做。必须有人再次出发去找食物。给我两个人和一条小船，我会出发往北去。愿神保佑，我会给大家带回食物，并与那些野蛮人达成永久协议，让他们为我们提供食物，直到我们的谷子成熟。”

史密斯的请求通过了。船只备好了。

他们到达一个可能的交易点。史密斯带着两个人和两个友好的土著，一起出发去探索詹姆斯河的更远处。

他很高兴把詹姆斯敦那些抱怨不断的人抛在了后面。这次他是同朋友一起远征。他意识到那两个土著的态度越来越不友好，他们已经失去了初次见到白人时的新奇。但他自己并不害怕。

他们让船保持在河流中央行驶，好安全躲避来自岸边的箭。但这样小心谨慎地度过几小时后，史密斯决定去岸上碰碰运气。以他训练有素的眼力，有一条小湾看起来非常适合作为小舟的登陆点，他确信附近一定有一座印第安村庄。

“划回河里去，”他在踏上岸时命令道，“在那儿等我。”

约翰·史密斯大步迈进丛林，不管前方是友谊还是战斗，他都做好了准备。他刚踏上一块开阔的空地，突然，大约两百个野蛮人尖叫着朝他奔来。他们疯狂地以各种角度射出了箭。

“那就战斗吧！”史密斯高声叫道。一名年轻的武士冲锋在前，在他停下射箭之时，史密斯向前一跃，抓住了他。史密斯扯掉腰带，把这个吃惊的印第安人绑在了自己的左臂上，拿他当活盾牌。有了保护后，他开火了。一名年长的首领立刻被击毙。野蛮人停止了射箭。但与此同时，史密斯意识到了新的危险。他所站立的地方是一块烂泥地，正因自己和盾牌的重量而变软。他感到自己在烂泥地里越陷越深，已经陷到腰部了。

天气冷得要命。死水传来刺骨的寒气。他的牙齿开始打起了冷战，但并不是因为害怕。看到印第安人朝他跑来，他几乎是松了口气。他们渐渐包围了他，两个人抓住他，其他人松开了被绑住的武士。他们抓住胳膊，把他从泥浆里拽了出来。

如今他成了俘虏，这已不是第一次了。他明白，奋力挣扎没有什么好处。他勇敢地面对着他们，不露一丝恐惧的神情。他们把他押到一个火堆处。奥普查坎奴正坐在那里。

他一声令下，守卫朝旁边让开了。身形魁梧的武士缓缓绕着史密斯，从头到脚打量着他。

他们在犹豫，这犹豫随时可能会被折磨并杀死他的命令打破。他不理解他们为何犹豫，但不管怎样他要抓住机会。他必须吸引眼前酋长的注意。他慢悠悠地从口袋里掏出自己沉甸甸的银表，把它举到耳边。

酋长和自己的手下从未经历过如此对未知事物的恐惧。在他们看来，白人手里这颗小小的球可能暗含比手枪更加致命的毒药。他们像孩子一样杵在那里，惊慌失措，不知何时何地会被闪电击中。

但并未发生任何可怕的事情。酋长的好奇心被勾了起来，他伸出手去拿表。史密斯微笑着用手递过去，抵在酋长的耳朵边，说："听。"酋长吃惊地跳了起来，叫道：

"精灵！精灵！里面关了一只精灵！"

接着，武士们一个个地拥上前来，震惊地看着手表。为了加剧他们的恐惧，拖延时间，史密斯摸了摸口袋，掏出了他的旅行罗盘。罗盘由象牙制成，摆动的指针被酋长认为是另一只精灵。

突然，毫无预警地，两个年轻的武士抓住史密斯，迅速把他拖到一棵树边。他们用一根鹿皮带绕着他，牢牢地捆住。接着又搭上箭，瞄准他的心脏。"一秒钟的工夫一切都会结束，"史密斯想，"生命，冒险，我的抱负和我的烦恼。"

这时酋长朝武士们喊了一声，高高举起罗盘。年轻人失望地皱了皱眉，松开自己的俘虏。史密斯意识到，酋长的好奇心又一次救了他。借用自己所知的一点印第安语，再加上手势，他试图解释罗盘的用处。

等所有人都看过罗盘后，酋长再次把它拿在手里。这可是件宝贝，他想要留着它。但他不知道它有什么用。不管怎么说，有个懂的人在身边是件好事。

"来，"他说，"既然你能听懂我们的话，来屋里用餐吧。"

史密斯听从了，全然不知死亡何时会降临。那天，他们好生招待了他一番。自从踏入新世界，这个饥肠辘辘的英国人还是第一次吃得心满意足。至少他现在有了力气，可以勇敢地承受未知的命运。

第二天，他们一直在行军，当天晚上在另一座村庄里留宿。不管在何处，他都是众人瞩目的焦点。武士、女人和孩子都围在他身边，戳戳他的衣服，拉拉他的胡子，然后问他问题。英国人同样饶有兴趣地观察着他们。

长途跋涉了很多天后，他们于一天下午到达一座村庄的外面，这座村庄比他们之前拜访过的任何一座都要大。狗狂吠起来，孩子们欢呼着，男人和女人从四面八方跑来。

“很显然，”史密斯想，“他们在等我们。”

第4章

波卡洪塔斯救了史密斯

"公主，波卡洪塔斯！"一位年轻的印第安武士"鹰爪"高喊着，兴奋地指向村外。"快看，你的叔父和他的手下带着白人俘虏来了。"

波卡洪塔斯正荡着秋千打发时间，听到消息后从葡萄藤秋千上跳下来，朝聚集的人群跑去。她一生中从未像现在这样如此渴望见到那个陌生人。

"他长什么样子？"她喘着气，朝前面的一个男孩叫道。但她非常敏捷，很快跟上了队列，于是亲眼见到了答案。那白人跟在叔父后面，未被绑缚，看上去一副漫不经心的样子。她的眼睛不放过他外貌的任何一个细节，但失望地发现他只有一个脑袋，两只眼睛，就跟自己认识的所有人一样。但是他的脸和手却有着陌生的肤色，这已经足够满足她的猎奇心了。

史密斯注意到了这位印第安少女。她十三岁了，身高已经超过很多人。在四处探索的旅途中，他见过许多少女和妇人，但似乎没有一个像眼前这个少女一样身材健美，轮廓分明。她正热切地盯着他。她的叔父看到她，点了点头。他镇静地穿过投来好奇目光的人群，心里不禁疑惑起来，接下来会发生什么呢？

波卡洪塔斯心里也在好奇。她的父亲会怎么处理这个人呢？她决心要亲眼看到并亲耳听到接下来发生的一切。于是她急匆匆地朝棚屋跑去，她的父亲一定在那里。她跑了进去，并未受到守卫的干涉。

刚走进去，她就意识到父亲已经在等待白人的到来。或许她的叔父已经提前派了人来通报，而她没有见到。所有的酋长都聚齐了，还坐着同盟部落的一位女酋长。她独自靠墙站着，离她妹妹克莱奥帕特拉的母亲最近。她正四处打量的时候，棚屋的入口变得黑压压的，一声高呼从武士群中传来，她的叔父大步迈了进来，身后跟着他的俘虏。

波瓦坦沉默不语地坐着，直到史密斯立在他面前，他才开口：

“为了见你，来自海那边的客人，我们已经等了许多个日夜。”

史密斯抬起头，看到一个大约六十岁的男人，身材健硕，头发灰白，脸上带着居高临下的神情。他微笑起来。“敝人也听很多人说过您的故事，伟大的酋长。”他答道，缓慢而清晰地讲出这些还不熟悉的话语。

一碗水呈了上来，好让史密斯清洗自己的双手。在瑙陶库斯的命令下，奴隶们把食物端进来。盛宴开始了，几乎没人讲话。波卡洪塔斯没有进食，密切注视着陌生人的一举一动。

“至少，”她想，“他跟我们一样需要吃东西才能活命。”她注视着他，看他会不会把肉缠在自己的胡子里。

终于，所有人都吃饱喝足。狗狂吠起来，为了残羹冷炙大打出手，最后被赶出了棚屋。波瓦坦开始向自己的俘虏提问。

“你是国王吗？”

“不是的，大人。”英国人理解了问题后如此回答，“国王统治着成千上万的武士，我不过是为他效劳。”

“你们为何离开他？”

“我们出发是为了教训国王的敌人，西班牙人。”他答道。

“那你们为何在我的土地上靠岸，还在我的岛上建立棚屋？”

“因为我们受够了海上的颠簸，也缺少新鲜的食物。”

至少有那么一刻，波瓦坦似乎对这个答案是满意的。

他对这群陌生人习性的好奇几乎和自己的女儿一样强烈。

“给我讲一讲你们的生活方式吧。”他命令道，“为何要穿这样的服装？嘴上为什么留着毛发？你们的医生有多了不起？你们用双手是怎么造出这么大的船的？”

史密斯试图满足他的好奇心。奥普查坎奴跟他的兄长提起了手表和罗盘。波瓦坦急切地握住它们，翻来覆去地查看，还举到耳边，听着史密斯解释它们的用途。

“我想知道你们拿的那些奇怪的芦苇秆一样的东西是什么，它们竟能带来死亡。”酋长命令道。

史密斯十分清楚，印第安人对白人的枪的恐惧，是对殖民者最大的保护。于是他答道：

“如果大人愿意去詹姆斯敦——这是我们对这座岛的称呼，就会亲眼看到比我这把更大的手枪。”他指了指自己的枪。

这个回答以一种奇怪的方式打动了波瓦坦。他对面前的几名酋长快速地说了一番话，史密斯没有听懂。之后，他再次转向史密斯，先前好奇的语调变得冷酷和严厉，他问道：

“你们打算什么时候驾上木舟回到你们的故土？”

史密斯一直害怕这个问题，而现在必须要给出一个答案了。这个答案十分危险。无论如何，即便他能撒谎，也无济于事。

“啊，伟大的君王，您这片土地辽阔无比，美丽丰饶，足以满足许多部落在这里安居。想一想那些生活在你们北方和西方的敌人。他们眼馋您的玉米地和狩猎场。如果您卖给我们一座小岛和大陆上的几块田地，我们愿意与您联手，和你们的武士一起对抗外敌。用我们的手枪摧毁你们的敌人，这对你们岂不是有百利而无一害？让我们成为朋友和同盟吧，波瓦坦。”

棚屋各处传来了叫嚷声，看来其他酋长都因为他的这番话而激动起来。他们进行了漫长的商讨。史密斯明白，自己的命运正被主宰着。他试图理解他们的意思。然而，波瓦坦终于挥了挥手，人群安静下来，他发出了指令。

那是死刑的命令。所有目光都落在了史密斯身上。他们想要看看英国人是如何面对死亡的。他面带微笑，好似那是一个好消息。要是他的死能拯救所有殖民者该多好啊！那确实将是一个不错的消息。

波卡洪塔斯看到了英国人的微笑，知道他是一个勇敢的人，不知怎么竟为他感到难过起来。她也为自己感到难过。他本来可以告诉她很多关于他的土地和同胞的新鲜事。为什么一定要杀他呢？为何不让他一直当一名俘虏呢？

波瓦坦一声令下，两名年轻的武士抓住了史密斯。他没有反抗。他们把他撂倒在地，抬起他的头颅，置于石头上。另一个野蛮人手里拿着一把石斧，阔步走上前来，在他身边摆好姿势。

“唉，”约翰·史密斯想，“我命休矣。千里迢迢来到这里，最后竟是这样的结局。詹姆斯敦会怎样呢？最起码我没有让他们失望。我很高兴。”

他看到波瓦坦身体前倾，给了个手势。脸上涂红的行刑者盯着他，他看着落下的战斧，本能地闭上了眼睛。

但是战斧并未落下。仿佛经历了一个小时的停顿，他再次睁开眼睛，想知道怎么回事。波瓦坦的脚边跪着那个他之前就注意到的年轻女孩。那孩子在为他求情，他看得出来。

但他们听不进去她的乞求，生气地命她离开。波瓦坦朝行刑者点点头，示意他执行命令。

波卡洪塔斯跳起来猛扑向史密斯的身体，用胳臂护住他的头颅，低下头抵住它。行刑者的斧子在离她的黑发只差一片羽毛那么远时刹住了。好险，握斧的印第安人因为恐惧几乎无法呼吸，他差点伤了波瓦坦的女儿。

一片静默。波瓦坦开口了：

“起来，玛托卡！你竟敢干扰我的审判！”

“不，父亲。”波卡洪塔斯叫道。她抬起头，胳膊仍旧护在史密斯的脖颈处。“我想要走这个人。我想收养这个白人。”

波瓦坦厉声说道：

“你是认真的吗，玛托卡？”

“是的，父亲。我要他了。不要杀他。让他和我们一起生活，他可以给您做战斧。他还可以给我做铃铛、珠子和铜器。”

“那好吧。”波瓦坦答道。

波卡洪塔斯站起身来，抓住史密斯的手，把他拉了起来。

第5章

史密斯的守卫

第二天早上，“鹰爪”从关押俘虏的棚屋前走过，发现波卡洪塔斯坐在屋前的地上。

“你在这里做什么？”他问，“守卫呢？”

“天一亮我就让他们去睡了。”她答道，抬头看着身边的高大青年，“白天我可以自己照顾他。”

“你见过他了吗？快告诉我他长什么样。昨天我只匆匆瞥了一眼。”

“他还在睡觉。我从树皮墙的缺口处往里瞧，看见他穿着那些奇怪的衣服躺在那儿。真希望他快点醒来。我有太多问题想问他了。”

“让我也看一眼。”男孩请求道。

波卡洪塔斯点点头，优雅地朝棚屋的入口处挪了挪。

“他睡眠不错。”他说。

“毫无疑问，胃口也不错，醒来后会饿。‘鹰爪’，你能到我们棚屋那儿去，让他们给他带点食物过来吗？”

他照做了。没过多久，女人们拿着装满面饼和肉的陶盘到了。她们急切地从狭缝中朝里看，直到波卡洪塔斯命令她们离开。听到屋内传来声响，她正要把食物端进去，史密斯走到了门口。

他意识到少女会是个效率很高的守卫。

“这吃的是给你的，白人首领。”她说，然后把食物放在地上铺好的一张垫子上。“坐下来吃吧。”

“谢谢你，”他答道，“但先听我讲。小公主，我无法用你们的语言来感谢你对我的恩德。纵使我的语言多如水边的沙粒，也远远不够向你表达我的感激。”

“献给首领的礼物，”她带着和父亲一样的庄严回答道，“永远无法偿还慷慨的馈赠。”

史密斯禁不住微笑起来。尽管个头不小，他却意识到她年纪不大。

“不过，”她坐下来接着说道，“能听到你的感谢，我还是很高兴的。”

这会儿，她放下了成年人的姿态，好奇的目光又如孩子那般。她轻轻摸了摸他的紧身上衣，那上面还有他被俘获时留下的泥点。

“这是上好的英国棉布。”他说。

“你的女人会为你做衣服吗？”

“我没有女人，小公主。”

“我很高兴。”她叹了口气。

“为什么呢？”

“我不知道。”她的眉毛皱了起来，努力掩饰自己的情感。“或许是因为，这样你就不会因为思念她而离开我们。”

“但我必须快点离开这儿，小姑娘。我在詹姆斯敦的同胞还在等我。”

他这么说是为了试探波瓦坦的意图。既然他已获救，便开始想要自由。

“你不能走。”她叫了一声，跳了起来。“你属于我。让你活着是想让你给我讲讲海那边的世界，并为我们制作新药。你不能走。”

想到自己詹姆斯敦的同胞们还在忍受饥饿病痛，而且毫无疑问以为他死了，他叹了口气。

既然他没有表现出想要反抗的意图，波卡洪塔斯又在他身边坐了下来。旁边已经聚起一拨儿听众。武士、女人和孩子们挤在一起，观赏白人吃东西。

史密斯用两只手拉了拉胡子，微笑着。听众中爆发出大笑声。一个年长的人指了指他的口袋，问里面装了什么。他掏出一支铅笔和一个小本子，在上面写了几句话，然后递给波卡洪塔斯，说：

“这些是巫术符号。如果有人把它们拿去詹姆斯敦，它们能跟我的同胞说话，他们就能听到我在这里说了什么。”

波卡洪塔斯摇了摇头。但是史密斯决心让她考虑他回詹姆斯敦的可能性，于是继续说道：

“公主，如果你愿意陪我到那里去，我还能给你展现更新奇的奇迹。”

“不，”她生气地说，“你永远都别想去那儿。你是我的，应该听我的话。难道不是这样吗？”她问身边的人。他们喊着“是这样”，让史密斯确信自己的命运掌握在一个女孩的手里。

最终，俘虏身边只剩波卡洪塔斯一人了。史密斯四处扫视，想看看如果他猛然跑开，会有多大的成功几率。但他看到一百英尺开外的一座棚屋处有几个武士在忙着磨箭头，于是又平静下来。

“来吧，白人首领，”波卡洪塔斯点燃一支装满烟草的烟斗递给史密斯，说，“跟我讲讲你自己，还有你的同胞吧。你们真的跟我们一样吗？跟我们一样会死吗？还是说你们的医术能让你们永生？你能随心所欲地变成一只动物吗？如果是的话，我想知道是怎么做到的。”

史密斯带着评判的目光注视着眼前坐在垫子上的女

孩。他从未见过哪个少女对于生命有着如此热切的渴望。此外，波卡洪塔斯还是一个聪明的聆听者。当他无法用土著语表达时，她尽力猜测，并且用手语和短语帮助他。

“公主。”他开口道，但她打断了他：

“跟我们的人一样叫我波卡洪塔斯吧。或许有一天我会告诉你我另一个名字。”

“好吧，波卡洪塔斯，”他缓慢地重复道，“我会服从你。我们也是人类，和你们一样，会挨饿受冻，生老病死。你让我讲讲我的土地上发生的故事。它们如此之多，就像森林里的叶子一样数不清。”

波卡洪塔斯点了点头。

“我们的土地，美丽的英格兰，位于波涛汹涌的海上，是一个强大的王国，要在海上航行许多许多天才能到达那里。那里的男人女人和我的肤色一样白。那片土地几年前由一位强大的公主治理，如今由一位国王统治。”

“她很美丽吗？”波卡洪塔斯问。

史密斯犹豫了一下。“不算很美，”他答道，“但她是一位真正的君王！”

他吐了一会烟，接着说道：

“几十年前，我出生在我们岛上一个叫作林肯郡的地方。那里地势低洼，泥泞不堪，就跟你叔父俘获我的那片沼泽一样。但我很爱那片土地，虽然随着我长大，它慢慢变小了。于是我走上沙场，去对抗我们在法国和荷兰的敌人。之后我思念故土，回家乡生活了一段时间，然后再次出发，远行至一片叫意大利的土地。随后我为一位皇帝效力，与他的敌人土耳其人作战。但很快，我被这些土耳其人俘获了，被卖身为奴。”

“啊！”波卡洪塔斯大口呼吸着。生平第一次，她听冒险故事上了瘾。

“我被作为奴隶送给了君士坦丁堡的另一位公主。我逃到了沙漠里，经历了种种冒险奇遇后，终于再次到达一个地方，那里有我的朋友。然后——”

“给我讲讲那位公主吧，”波卡洪塔斯打断道，“她也虐待你了吗？”

“没有，事实上，她对我非常好，”史密斯答道，“她很美丽，穿戴着漂亮的服装和昂贵的珠宝。”他补充道，想要通过描述她华丽的服饰来引起女孩的兴趣。“我对她心存感激。”

“她比我还美吗？”波卡洪塔斯问，眉毛生气地拧在一起。

“她很特别。”英国人被逗笑了，如此说道。他不想伤害这个给过他许多帮助的女孩的感情。“她是一个成熟的女人，”他补充道，“拿你这个孩子跟她作比较不太合适。”

“我不是孩子。我是一个女人！”波卡洪塔斯大声说，气冲冲地站起来，一阵风似的朝树林里冲去。

约翰·史密斯惊愕地望着她。要是把这唯一的朋友惹怒了，他会真正陷入可悲的境地！

第6章

史密斯回到詹姆斯敦

到了第二天中午，史密斯发现自己不再受人关注。他看到波卡洪塔斯走出棚屋，但她没有朝他这里来，很快便不见踪影。

他没有看到的是，一个年轻的印第安男孩去见她了。

“万苏蒂斯在她的火炉边吗？”波卡洪塔斯问。

“是的。”“鹰爪”答道，走在她身边，不再开口。

“鹰爪”急切地想要知道，波瓦坦的女儿为何会来自己养母的住处。他和波卡洪塔斯一起走进屋内，假装忙着给弓箭上弦，这样好有留下的借口。

“万苏蒂斯，”波卡洪塔斯站在门口的阳光下开口说道，那位年长的妇人坐在棚屋的阴暗处抽烟，“你了解田野和森林里的一切药草，不管是害人的还是救人的。

是吗？”

脸上布满皱纹的妇人抬起头笑了。

“所以波卡洪塔斯公主是来找老身乞求爱情灵药？”

“不，”女孩生气地叫道，走近了一些，“不是这样的，我想要一种不同寻常的东西——能让男人忘记过去的草药。”

“我没有这样的草药，孩子。”

“那么，忘记一座旧棚屋和其他东西就这么难吗？”女孩若有所思地说，“对我来说，和陌生人待在一起的每一天似乎都是新生活的开始。无法在夜幕降临前预知会发生什么，这令人感到愉快。”她带着渴求的眼神看着老妇人和那男孩，问道：“为什么那个白人那么想要回到那座岛生病挨饿，而不愿待在这里？”

“等你远离自己的族人，身处陌生人之间你就明白了。”老妇人严厉地大声说道。

“所以你没有遗忘药水可以给我吗？”波卡洪塔斯站在门口犹疑不定。但是老妇人没有回答。波卡洪塔斯慢慢走开了，思绪一直在脑中盘旋着。

天渐渐黑了。约翰·史密斯在火旁伸了伸腰。欢快的开门声让他开心。他的思绪被两个印第安人打断了。“我们来，”他们说，“是奉波瓦坦的命令带你去他在林子里的棚屋。”

他不知道这个命令意味着什么。他很快起身，跟着他们穿过村庄。史密斯被引入一座棚屋。两个印第安人戳了戳火堆，又丢了几块新鲜的木头后，便离开了。

一阵寂静后，他听到一个声音开始奇怪地低声吟唱。接着一个又一个的声音加入，发出可怕的尖叫声。许多只脚在地上挪来挪去，地也跟着颤动。声音越来越大，越来越可怕。然后他看见了波瓦坦，身后跟着其他武士和首领。让他惊讶的是，他们没有攻击他。波瓦坦独自走近他，说：

“不要害怕，我的孩子。我们不是来伤害你的，你刚刚听到的仪式是为了见证我们结下的友谊。你不再是一名俘虏，可以和你这里的兄弟们一起来去自如了，甚至可以回到你的同胞那里去。等你到那里后，给我送两杆那些能喷火且能杀人的大枪。我会送你一片土地，你们可以在那里生活并建造房屋。更重要的是，我会把你当作自己的亲生孩子对待。”

这可真是天大的好消息，他能回詹姆斯敦了。既然波瓦坦和他的族人已经跟他结下友谊，这不是意味着因为他整个群体都能获救了吗？他急切地想要知道自己的命运为何突然被扭转。他拣选最合适的话语，表达自己的感激。

“感谢您，伟大的波瓦坦。事实上，如果您将成为我的父亲，我就是您的儿子。威洛沃科莫科和詹姆斯敦将和睦相处。如果您派人为我带路，他们就会带礼物回来给您。”

波瓦坦下了命令，十二个人往前一步，摘下面具，称自己已经做好了陪同白人的准备。史密斯做梦也想不到自己那晚就能离开。他急着想要出发，几乎没有好好道别。

他们走进森林，不停地走着，面前的世界似乎越来越开阔明亮。树木间的距离越来越大，印第安人的身影看起来也好像是一幅模糊的画。他们的前方是有星星在闪烁吗？那越来越明亮的是灯光吗？

“詹姆斯敦！”他用自己的语言叫了出来，“詹姆斯敦！那是詹姆斯敦！”

印第安人围在他身边，开始急切地询问。他会给他们每个人礼物吗？他们会带枪回去吗？

他们站在那里，一个年轻人从他们身后跑过来。

“‘鹰爪’！”他们惊呼。

那男孩在震惊的史密斯手里放了一串白色的贝壳项链。他想起来自己曾见过波卡洪塔斯佩戴它。

“波卡洪塔斯公主送上问候，”他说，“她见你平安回到自己的族人中，向你告别。”

于是约翰·史密斯明白，波卡洪塔斯伴他穿过了森林。

第7章

波卡洪塔斯到访詹姆斯敦

在詹姆斯敦，约翰·史密斯时而会感到有些孤独。他想起了波卡洪塔斯。不知她是否会来詹姆斯敦呢?

那是一个严冬的早晨，波卡洪塔斯第一次来到殖民地。也许他们缺乏大多数生活必需品，但燃料是充足的。一堆熊熊的烈火在一块开阔的地上燃烧。火堆边坐着约翰·史密斯和几位绅士。他正指着一张粗糙的地图，给他们看他认为小镇应该扩张的方向。

史密斯从地图上抬起头，看到那个在整夜穿行过森林后为他捎来波卡洪塔斯问候的年轻印第安人。

“鹰爪”说道:

“波卡洪塔斯公主派我来告诉你，她已经来这里找你了。”

“非常欢迎她。”史密斯大叫，跳了起来。然后他用英语大喊：“来吧，朋友们，帮我一起接待波瓦坦的女儿。她冒着自己的生命危险解救了我。让我们给她热烈的英式欢迎吧。”

殖民者们无需催促。他们急切地想看看印第安公主长什么样。但是史密斯跑在了前头。一看到那张明亮的少女脸庞，他就伸开双臂迎向她，就像他会对一位自己非常熟悉的英国少女那样。

“啊！小朋友，”他说，“波卡洪塔斯，我的生命，我的自由，是你让我重返家园，才拥有此刻的欢乐。”

波卡洪塔斯只是微笑着。史密斯转过身，朝跟随他的人们挥手。

“他们是我的同胞，要是能说你们的语言，他们也会感谢你的。”

骑士和劳作者都脱下了帽子。波卡洪塔斯极其庄重地回应了他们的敬意。

“带客人参观一下我们的小镇吧，”史密斯提议道，“我来为公主做向导。请照料她带来的女孩和年轻的武士们。”他们沿着从堡垒延伸出的一条路，朝詹姆斯敦的一条街走去。他问：“告诉我，我的小狱卒，酋长为何要放了我？我百思不得其解。你和他谈过，是吗？”

“是的，”女孩答道，“起初我很生气。后来，虽然我不想听从我的内心，但我看到你远离自己的族人，不免产生同情。父亲一开始不愿意听我的，但我又是求情，又是讲理。我告诉他你对我们的友谊将非常重要。”

“但是林中小屋里的歌舞是什么意思呢，玛托卡？”

“那是收养仪式。你现在是波瓦坦的儿子，是我的兄长了。你被我们的部落接纳，那些歌舞是我们民族的古老仪式。”

“还有穿过森林时，你一直跟着我，是为了确保我的安全吗？”

但波卡洪塔斯没有回答。

“你简直就是太阳神，”史密斯充满真情实意地说，“具有强大的力量，能够拯救并赐福他人，小妹妹——既然我已经是你的兄长。”

波卡洪塔斯刚要回答，却突然被眼前的场景逗得大笑起来。两个男人在滚一桶面粉，却让它从无力的手中滑脱了。面粉桶抵住了一个木匠的后背，那人就那么站着。毫无疑问，这是个滑稽的场面，她不是唯一一个被逗笑的。但那人并没有起来。

“他为什么不起来？”波卡洪塔斯问，“他不可能被那个奇形怪状的东西轻轻一击，就受了重伤。”

“恐怕他因为食物短缺，太虚弱了。”史密斯沉重地说。

“不！”她惊呼，摇着头，长长的辫子前后荡着。“威洛沃科莫科有那么多食物，你们不应该挨饿。今晚我就亲自给你们送食物来。想到你们竟在遭受痛苦，我这里就痛。”她把手放在胸口。

就在这时，首领温菲尔德和几位官员在听说波卡洪塔斯来访后，来见他们了。他们意识到，强大的印第安酋长最宠爱的女儿的出现，是一件隆重的事。他们不知道会发生什么。她聆听着他们的欢迎辞，通过史密斯的翻译做出回答。

“我们必须为她送上礼物。”其中一位官员提议。他派一名仆人去拿一些他们带来的小饰品。

波卡洪塔斯一见到那些小饰品，就忘了自己的端庄。在史密斯往她的头上戴一条长长的蓝白珠链时，她高兴地拍起手来。当他举起一面小镜子，她更加开心了。除了林中的水塘，她还是第一次看到自己的脸映照在别的地方。

“那也是给我的吗？”她急切地问道，放在自己的手中后，她立刻抓住它紧紧贴在胸前。之后她不停地朝镜子里左右看去，不知疲倦地打量着自己的外貌。

其他少女和“鹰爪”也收到了礼物，只不过没那么贵重。史密斯走进自己的小屋，在自己出海用的储物箱里搜刮一番后，拿出了一只银手镯。他把它套上波卡洪塔斯的手臂，说：

“这是为了提醒玛托卡，她永远是我的妹妹，而我永远是她的哥哥。”

对波卡洪塔斯来说，她似乎已经无力再承担任何新事物所带来的冲击。“我要回父亲的棚屋去。”她说，在到达堡垒前再也没有开口。史密斯看着这一队人走到栅栏外，她回身冲他喊道：

“兄长，我不会忘记的。今晚我会给你们送来食物。我很喜欢你们这座新奇的小镇，我会再来的。”

波卡洪塔斯说到做到。当天晚上，等她给波瓦坦展示过自己的宝贝后，便忙着搜集成篮的玉米、干鹿腿和熊肉，然后派脚力好的人给她在詹姆斯敦的兄长送去。

在接下来的几天里，手臂上手镯的重量让波卡洪塔斯不时想起它的赠予者。她的脑海里浮现出他的眼睛，那双眼睛微笑着看向她的时候是如此友善，别的时候又是如此严厉。她还想起了她见到的那些人。一两天后，当她提出想要给白人们再送去一些补给品时，她的父亲没有拒绝。

于是，波卡洪塔斯每隔三四天就会给史密斯带去一些食物，供他和他的同胞享用。有时，她会在姐妹或侍女的陪同下，在夜晚赶到詹姆斯敦。她们一路笑着，又一路担惊受怕地把篮子放在堡垒前，然后像胆怯的小鹿一般跑回森林。有时在“鹰爪”的陪伴下，她会走过詹姆斯敦的大街。对他们来说，她慢慢地变成了他们在新世界几近失去的希望的象征。他们很高兴能见到她，不只是因为她带来的礼物，还因为她本人的出现。

几天后，奥普查坎奴传来了消息，白人们热切盼望的大船出现了，现在正沿河逆流而上。波瓦坦很意外，因为这天正是白人上尉预言大船能到的日子。没错，一个能越过大片波涛看到遥远之物的人，一定让人恐惧。自那天起，他便对约翰·史密斯和他的力量抱有深深的敬意。

很长时间里，波瓦坦都渴望获得白人所使用的武器，但殖民者们眼下拒绝了印第安人的请求。他决心试试其他办法。他给纽波特上尉送去了二十只肥美的火鸡，请求英国人回报二十把剑。纽波特没有拒绝，以剑作为回报。之后，波瓦坦依旧想要储存更多的武器，于是又给史密斯送去了二十只上好的火鸡，请求再要二十把剑。但史密斯拒绝了。失望的野蛮人表现得十分愤怒，朝史密斯大喊无礼的话语。

他们发现无法动摇史密斯的决定，于是决定盗取。但事情败露了，史密斯鞭打囚禁了这些人。囚犯们相信史密斯有着看见过去和未来的能力，以为想要对他隐瞒事实只是徒劳，于是坦白是波瓦坦命令他们前来不择手段地获取宝剑。

波瓦坦现在知道自己的计划已然失败。为了让白人相信他的好意，他必须派一个他们信任的人去跟他们谈判。于是，波卡洪塔斯作为大使出发前往詹姆斯敦。

奴隶们携带着食物，陪同波卡洪塔斯抵达詹姆斯敦。波卡洪塔斯受到了隆重的接待。

“我受波瓦坦的指示携带礼物前来，”她对史密斯说，后者总是充当她的翻译，“他请求你原谅那些鲁莽的首领带来的伤害。”

这番话的语气十分坦率，史密斯知道她对自己的父亲在这起盗窃中所扮演的真实角色毫不知情。

“玛托卡，你来是为了让我放掉这些人吗？”

“是的，兄长。”她急切地回答道。

“但是，小妹妹，”史密斯沉重地说，他看到她脸色一变，“我必须把这些犯人交给另一位守卫，她会十分严厉地对待这些人，就像你当初在威洛沃科莫科对待我那样。”

波卡洪塔斯的眉毛拧在一起，她在费力地理解他的意思。

“你愿意当他们的守卫吗，玛托卡？”他问。她突然明白了他的玩笑，于是放声大笑。

这些人交由她监管。回到家后，波瓦坦对自己女儿的外交成果十分满意。

那一年的九月，史密斯终于成为殖民地的首领。在伦敦，殖民地的总督认为让波瓦坦紧紧依附于英国定居地是一件明智的事。他们认为这位统领三十个部落的酋长会很乐意接受加冕礼，于是下达命令，命波瓦坦前往詹姆斯敦，在那里接受加冕。冠冕会用船运过去。

印第安人前去迎接白人。“再往前开似乎并不明智。如果他们要伤害我们，我们会打起来的。”有人对史密斯说。

“不会发生冲突的。”史密斯断言。

但就在这时，森林里传出了尖叫声，二十多个活物从树丛间冲出来朝他们奔去。

第8章

波瓦坦接受加冕

树木非常茂密，英国人很难在阴影里看清树干间的人影。他们半裸着，身上涂上了大片的红色。

那一刻，约翰·史密斯对波瓦坦曾与他结下的友谊失去了信任。他拔出剑，准备刺向第一个冲上来的人。

他又看了一眼，匆忙将剑插回剑鞘。他朝那些纷纷利刃出鞘的战友们喊道："停下！"

因为，在他前方，第一个冲出森林的舞者，是波卡洪塔斯！她的手里拿着弓箭。她瞬间意识到了英国人在想什么——他们以为自己中了埋伏。

"兄长！"她用失望的语气叫道，"你也在怀疑我吗？快告诉你的同伴，如果我们有半点不轨之心，我愿意把自己的性命交到他们手上。"

约翰·史密斯一时六神无主，不知该说些什么。他急忙跟他人解释，说波卡洪塔斯很明显是想以特殊的仪式迎接他们。之后他面向她，说道：

“原谅我们吧，玛托卡，不要因为我们误解了你们的善意而生气。”波卡洪塔斯的失望之情立刻消失，她和自己的同伴们飞速回到森林里。这时瑙陶库斯走上前来，问候史密斯。

“我父亲刚刚回来。听说你们要来见他，便急忙赶了回来。他已经命人备好了接客室，等待你们的到来。”

一行人走进小屋，波瓦坦上前问候。“告诉他们我们很欢迎你的同伴，”他对史密斯说，“而你，我的孩子，永远是我族人的一员。”

他们在面前铺好的垫子上坐了下来，宴会开始了。史密斯站起来，开始讲话。波卡洪塔斯之前站在门口朝里看，现在也进来坐在父亲脚边。

“众部落的首领，我们从大洋彼岸捎来了我们伟大君王的问候。我们的詹姆斯国王希望你能加冕为王，成为他的朋友，这样英国人就知道他称你为‘兄弟’，而你的子民对你也会更加敬畏。”

波瓦坦对这番话兴致寥寥。但看到波卡洪塔斯脸上渴望的表情，史密斯知道他的印第安语至少让人听懂了。

“因此，”史密斯继续说，“我们计划在詹姆斯敦举办你的加冕礼。我们的国王为你带来了礼物，等你移步我们那里。”

他停下来，看着波瓦坦，等待他的回答。波瓦坦沉思了一会儿，然后开口说道：

“如果你们的国王带来了礼物，我也是一位君王，这是我的领土，我就在这里接收礼物。你们的元老要来见我，不是我去见他。”

他的话语带着君王的威严，英国人不想劝阻他。他们答应如他所愿，说服纽波特——他称之为“元老”——来威洛沃科莫科。之后他们离开，回到詹姆斯敦。

过了几天，史密斯、纽波特上尉和五十个人出发前往威洛沃科莫科，为波瓦坦举行加冕礼。礼物由船只沿河运过来。英国人到达后，整个村庄的人，还有附近结盟的其他村庄的人都在等他们。

波瓦坦和纽波特上尉彼此打量了一番。交换过问候礼，礼物被呈了上来。

之后，纽波特上尉呈上一件由柔软的英国布做成的斗篷，将它披在波瓦坦的肩上。他举着一面镜子，好让酋长能看到自己。

接着，他们开始加冕。鼓手快速而有节奏地敲着，号手吹响号角，声音吓得女人和孩子们尖叫起来。武士们很快掩饰住了自己的惊诧。史密斯和纽波特走上前来，纽波特手持王冠。史密斯说：

“屈膝，我们好为你加冕。”

但波瓦坦对这些陌生的程序不是很清楚。虽然他理解了史密斯的话，但依旧像一棵松树般僵硬笔直地站着。

“屈膝，波瓦坦，”史密斯催促道，“不要出错，这是王室的仪式。欧洲所有的君王都这么做。”

但波瓦坦不愿屈膝。在他看来，这个动作有损一位统领三十个部落和六十座村庄的伟大首领的威严。他愿意接受送他的礼物，也不拒绝头戴一件亮闪闪的环状物，既然白人们选择这么做。但他不愿下跪。

史密斯不确定该如何是好。他思索了一会儿，接着在纽波特耳边嘀咕了一句。两人很快将手放在波瓦坦的肩部，轻柔但有力地按下去，这让他的膝盖微微弯曲。接着，趁他还没立直，纽波特把王冠戴在了他的头上。

仪式就这么结束了。两位士兵按照指令用步枪致礼。波瓦坦吓了一跳。瑙陶库斯像小鹿嗅到危险一样抬起了头。但史密斯十分平静，他们意识到自己弄错了。

波瓦坦身着红袍和王冠，端坐在白人送来的垫子上。宴席开始了。波卡洪塔斯走过来，坐在史密斯旁边。

“欢迎，小妹妹，”他说，“你喜欢父亲的新袍吗？”

“他看起来很陌生，”她答道，“但他不会穿太久。很漂亮，那件斗篷。”

史密斯笑了。

“你要不要试试我们那里的女人穿的衣服？或许没多久你就能见到她们。很快白人妇女们就会坐船过来。”

“白人也有女人吗？”波卡洪塔斯震惊地问。

“你以为英国人在没有妻儿的陪伴下能长生不老吗？”

“你呢，兄长，”她急切地问，“你的妻儿很快就要来了吗？”

“我还没有成家，玛托卡。”

“要是你有了女人，她会在你归来的时候在棚屋里等着迎接你。”

“真是一幅美好的画面，玛托卡。”他答道，但他没有嘲笑这个想法。“我常常感到很孤单，我不知道将来我会不会有妻子。”

“不会有人拒绝你的。”女孩简单地说。史密斯没有察觉其中的深意，但他的思绪一直停留在她身上。

第9章

送　别

盛夏的阳光无情地照射在棚屋和开阔的土地上。森林里，在一条小溪的一处洼地附近，波卡洪塔斯平躺在地上。高大的红橡树将阴影投在她身上。透过绿色的树叶，她能看到厚厚的云朵，还看到一只老鹰在飞，仿佛要直直地飞向太阳。夏日的暑热让她感到开心，她喜欢那种昏昏欲睡的感觉，林地的景象和声音渐渐变得模糊。

瑙陶库斯刚刚结束一项前往某个部落的和平使命。他尽力不发出大的声响，比河狸还要安静。波卡洪塔斯醒了过来，抬起头。她松开发簪，跳了起来。

“你好，玛托卡！”她的哥哥喊道，“你像小鹿一样躲在这儿。”

“有什么事吗，哥哥？”她问。瑙陶库斯坐了下来，将发热的双脚伸进溪水里。

“发生了一件可怕的事，”他沉重地说，“对大上尉的朋友们来说是个坏消息。”

“我的白人兄长怎么了？”她叫了出来，“快告诉我。”

“我听说当时他正在一个远离小岛的地方睡觉。他躺着的小舟底部放了一大袋他们拿来放在枪里的火药。一颗火星从他的烟斗中落在上面。火药立即发威，开始爆炸，灼伤了他的皮肉。他很痛苦，跳进河里去扑灭火焰。”

波卡洪塔斯浑身颤抖。“他现在在哪儿？”她问，“我想去看他。”

她的哥哥认真地看着她，仿佛要质问她，但他没有。“他们说他已经在去詹姆斯敦的路上了，明天应该就到了。”

波卡洪塔斯和哥哥在日落时分回到村子里。女孩在万苏蒂斯的棚屋前停了下来。

“你来是为了给你的白皮肤男人寻求疗愈的草药。”波卡洪塔斯还没开口，老妇人就大声喊道。“我已经为你准备好了。”她往吃惊的少女手里塞了一包药。波卡洪塔斯一言不发走开了。

夜晚还未结束，波卡洪塔斯就踏上了前往詹姆斯敦的路途。她独自一人。暴风雨使空气变得清凉，土地也松软起来。等她到达的时候天光尚早。那座小镇俨然已经发展成一片拥有五十座房屋的居住地。

她加快步伐朝他的房子走去。还没走到，就看见他的床放在门外，他躺在上面，枕头支起他的上身。她也认出了那个刚刚离开他的医生。她迫不及待地小跑过剩下的路。史密斯看到她，虚弱地挥了挥手。

“啊！我的兄长。”她哭泣道，把他的手放在自己手中。她看得出来那只手变得有多瘦弱。“唉！你怎么会伤到自己呢？”

“你听说了，玛托卡？”他答道，尽管十分疼痛，仍勇敢地微笑着。“你还来詹姆斯敦救助和慰问我。”

“我带来了治疗伤口的草药。”她说，把药包从口袋里掏出来。“它们能快速治愈伤口，是很好的药材。”

“谢谢你，小妹妹，”他轻轻地说，“谢谢你的关怀，还有你的长途跋涉。我对自己说：还没有跟玛托卡道别，我怎么能走呢？我怎样才能捎去口信，让她及时赶来呢？”

“走！”她叫道，“你要去哪里？”

“回到故乡英国。医生今天早上才刚刚做决定，觉得他的医术无法挽救我的伤势。我要回到伦敦去，那里医术高超的人会治愈我的。”

“不，不，”波卡洪塔斯哭道，“你不能走。我们的女医拥有你所不知道的奥秘和灵药。你的伤口很快就会像我的手掌一样平滑如初。”

“我很愿意，小妹妹。但是火药的烧伤对她们来说是一种陌生的病痛。”

“你还是要走吗？”她绝望地低声问道。

“是的，玛托卡，我必须走，不然就要在那里住下了。”他指向墓园。“现在离开，抛开尚未完成的工作，知道我的敌人会因此发笑是一件痛苦的事……”

“你走了我会死掉的。”她打断他的话，跪在他身边。“你对玛托卡来说，是如神一样的存在，一位强壮又美好的神。”

“小妹妹！小妹妹！”他抚摸着她的头发重复道。他曾怀有的一个念头又一次浮现在他的脑海中。也许，等这个孩子成年后，他可以娶她为妻。但是此刻，这桩心事再也不可能实现了。

她跪在那里，沉默不语。之后她用渴求的语气问道：“你会回到我们之中吗？”

“如果可以的话，玛托卡。如果我活下来，我们会再见面的。”

坚信“兄长”的这番允诺一定会实现，波卡洪塔斯又有了精神。她没有去计算距离再次见面需要几个星期还是几个月。她坐在他旁边的地上，倾听着史密斯的话语。

“瞧，玛托卡，”他说，声音因为急切变得有力了一些，“这个镇子就像是我自己的孩子。对我来说它非常珍贵。在这里，我度过了无数个不眠之夜和疲惫的白日，也忍受过饥寒交迫。而你，也极大地援助过它，事实上它在某种程度上也成为你的珍宝。既然我必须离开，我就把詹姆斯敦交由你照管吧。你愿意继续守护它，尽你的全力来保障它的安康吗？”

“十分乐意，我的兄长。你离开了它，就像武士离开了他的女人。每一天我都会穿过森林来确保这里的一切安然无恙。我会向北风低语，让它刮得不那么猛烈：‘波卡洪塔斯是詹姆斯敦的朋友。’我会呼唤太阳，让它不要烤得那么炙热：‘波卡洪塔斯热爱詹姆斯敦。’我会向河流低语，让它不要把小岛的河岸侵蚀得那么严重。”

身负重伤的男人脸上露出了如释重负的神情。千真万确，女孩关于友谊的这番真情吐露极大地缓解了他的焦虑，这真是一件美妙的事。

“再次感谢你，小妹妹，”他说，“现在跟我道别吧。水手就要把我运到船上了。”

波卡洪塔斯站了起来。她俯下身子，朝他温柔地倾吐印第安人的送别语。水手们走近了，她朝大门跑去，消失在森林里。

第10章

波卡洪塔斯失去了一个朋友

自从史密斯回到英国，三年过去了，波卡洪塔斯没有忘记他对她的信任。在可怕的饥荒之日，她多次伸出援手，为殖民者送去食物。

她和詹姆斯敦及其人民的关系虽然多数时间还算友好，但不再像史密斯当首领时那么亲密了。她去那里的次数越来越少。

同时，詹姆斯敦的境况急转直下。饥荒几乎成为常客。最终，他们决定让阿高尔上尉前往一个部落，向他们低价购买粮食。

酋长哈佩扎斯友善地接待了他。

“是的，我们愿意把玉米卖给你们，就像当初你们的上尉第一次来这里时那样。他还回来吗？他是一位伟大的武士。”

阿高尔上尉答道:

“我们失去了他的音信。”由于他嫉妒史密斯在野蛮人中的声望，他又补充道:“英格兰的武士如此之多，我们不会在那些离开的武士身上浪费感情。詹姆斯敦已经遗忘了他。”

“我们中有一人没有忘记他。”酋长指着他身后的山谷。

“是谁呢？”英国人问。

“是波卡洪塔斯，他的朋友，她每天都在期盼他的归来。她愉快地和我们生活在一起，作为一名年轻的武士，她变得骚动不安。”

一个念头闪过阿高尔的脑海。

“听着！”阿高尔说，“你知道波瓦坦曾盗取我们许多武器，还关押我们的人。如果他愿意跟我们讲和，我们就不需要带着军队穿过森林去威洛沃科莫科了。这样许多印第安人便无性命之虞。如果我们挟持波瓦坦的一个人质，一个他十分珍视的人，我们就能胁迫他按照我们的意愿来做任何事。”

他顿了顿，瞥了一眼那个印第安人，对方不露声色。

“如果你愿意把波卡洪塔斯公主交给我们，”阿高尔继续说道，“我们会带她去詹姆斯敦。她会被妥善扣下，安置在一间尊贵淑女所居住的房子里，直到波瓦坦同意我们的条款。之后她会安然无恙地回到她父亲身边。而你，为了报答你对我们的帮助，我们会给你送来你从未见过的礼物。即便波瓦坦本人也没有收到过。”

酋长沉默了一会儿。那位少女是他的客人，而他的子民们一直维护着好客的神圣职责。但他知道她不会受到伤害。英国人跟她的友谊众所周知。他简短地说道：

“日落时来这里见我，我把她带给你。”

“鹰爪”从一开始就很讨厌白人。一天，他的母亲跟他说：“孩子，你现在该娶一位妻子了。看看你的周围吧，我的孩子，挑一个。”他没有必要挑选，已然做好了决定。尽管她是伟大的波瓦坦的女儿，他却毫不怀疑酋长会把她嫁给他最英勇的武士。

旅途就要结束，他朝哈佩扎斯的村庄走去。他知道自己身处友好同盟的部落，便坦然随意地走着。突然，就像小鹿嗅到熊的气息，他呆立在那里。

“有白人。”他想，甚至还没有见到那人。

他藏在树后，耐心等待，密切注视着。让他吃惊的是，和英国上尉一起的人是波卡洪塔斯和哈佩扎斯的妻子。

“鹰爪”等待着，想知道接下来会发生什么。一个小时过去了，他看到两个女人朝岸边走去。酋长的妻子突然冲到岸边，之后毫不费力地跑进了森林里。波卡洪塔斯想要跟上她，但是被阿高尔上尉抓住了胳膊。

“跟我们一起去詹姆斯敦吧，公主，”他说，“我们欢迎你的到来。”

波卡洪塔斯的怒火一下子被点燃了。长到这么大，还从来没有人用武力约束过她。她试图奋力挣脱，但英国人牢牢地抓住她。就在她挣扎的时候，水手们把小船推进河水。

“鹰爪”站起身，好能瞄准目标。他朝英国人射了一箭，击中了他的皮质紧身上衣，上尉大吃一惊，但也只是喘了几口气。

“朝那里的树林开枪。”他命令道，依旧抓着波卡洪塔斯不放。“鹰爪”的肩膀中枪了。他倒了下来，波卡洪塔斯恐惧地大叫了一声。

这是波卡洪塔斯被俘的第二晚。夜幕降临，小船停泊在河水中央。小河在这里变得开阔，河水流进一道小湾。

波卡洪塔斯独自一人躺在船头，脑袋枕在一卷帆布上。阿高尔尽一切可能让她感到舒适。现在她睡着了，眼睛湿润，满是她白天不愿落下的泪水。她梦见自己回家了，梦见自己刚刚从床上起来，跑到外面的月光下，就像往常一样。

突然，一个虚弱的声音叫醒了她。那声音几乎和催她入眠的河水拍打船身的声音差不多大。她睁开眼睛，但没有动。她紧张又兴奋地等待着。那声音再次出现了，如岸边林子里的风声那般大：

“波卡洪塔斯！”

她用手肘支起身体，朝船尾漆黑的水里望去，动作和猫儿一样安静。一只手从黑暗中伸了出来，抓住她的手腕。无需更多光亮，她也能认出下面的那张脸。

“‘鹰爪’，”她低语道，“是你吗？我以为白人的枪把你打死了。我一直在为你哀悼。”

“我一动不动地躺了一个小时，”一边说着，他从水中站起身来，用两只手抓着船舷。“幸好我受伤的是肩膀而不是腿。”

“我就知道，如果你没死的话会来找我的。”她小声说。

“没错，我来找你了，波卡洪塔斯。”如今少年的声音里带着男人般的笃定。“不要浪费时间。轻轻跳到我旁边。我们从水下游走，直到逃离白人的魔爪。”

“我不能跟你走，‘鹰爪’。”

年轻的武士发出一声低沉的惊呼。

“你知道，”他问，“哈佩扎斯出卖你了吗？你被押在詹姆斯敦是为了强迫波瓦坦听从英国人的任何要求。”

“是的，我知道。阿高尔告诉我了。”

“你是害怕逃跑吗？”

她小声说：“我决定去詹姆斯敦。”

“但为什么呢？”“鹰爪”问。

“因为我相信去那儿能同时效劳我们的国家和英国人。我的兄长史密斯说我们一定要成为朋友。我答应他要关照他的族人的幸福。我父亲那么爱我，为了救我他什么都愿意做。所以我愿意跟阿高尔上尉走，这样我们和他们之间的冲突就能平息了。”

“那你不愿意跟我一起走了？我为你造了座棚屋，玛托卡，烟囱足够大，能让你看到整个你爱的月亮。”

“谢谢你，‘鹰爪’，谢谢你做的一切，”她低语道，“还有所有你愿意为我做的事情。三十个部落里没有比你更勇敢的武士和更好的猎手了。但是在水手醒之前快走吧。快回到波瓦坦那里，告诉他一定要把他俘获的英国人送回去，从英国人那里赎回我的自由。”

她在说的时候，年轻武士的大脑转得飞快。如果她不愿意走，他就违背她的意愿把她带走。这是为了她好。拯救波卡洪塔斯！还有——杀死他讨厌的白人！他们人并不多，而且都在睡觉。在他和波卡洪塔斯谈话的时候，他已经从水里上来，把腿抬到船尾上了。这会儿他站了起来，小声说：

“走之前我想看看他们的小船长什么样。不用担心。不会有危险的，只要别发出声响。”

她想跟他抱怨，但他已经走在她前面几步了。她不敢喊他。她看着他慢慢走近一个睡着的水手，用利刃刺进他的心脏。接着他又轻松杀死了第二个人，第三个人。

年轻的武士摸索着要找阿高尔上尉。天就要亮了。他朝一人俯下身去。他的手触碰到了那人的脸，而不是嘴巴。那水手立刻叫了出来，甚至还没醒来。“鹰爪”朝船尾跑去。他想要营救波卡洪塔斯。他向她冲过去，水手跟在后面。阿高尔和另外两名船员被叫喊声惊醒，也紧跟在他们后面。“鹰爪”用胳臂抓住波卡洪塔斯。她还没反应过来，他就和她一起跳进河里了。

那名水手只是被武士的匕首轻刺了一下，奔跑的时候抓住了自己的火枪。

“别开枪，马克！”阿高尔上气不接下气地喊道。他不清楚发生了什么。“印第安公主在水里。不要开枪！”

然而，马克已经分辨清楚水中的两人。“鹰爪”受伤的肩膀拖累了自己。正在他要沉入水下游泳时，马克瞄准了他。子弹击中了头顶，但伤得不是很深。

波卡洪塔斯看到他受伤并不严重，但是血液从他的脸上流了下来，流进嘴巴和鼻子里。这下他没办法深吸一口气在水下游了。受伤的肩膀也让他的速度慢了下来。

快速划了几下后，公主来到武士身边，用胳膊搀在他受伤的肩膀下方，把他扶了起来。

“现在，‘鹰爪’，”她叫道，“让我们一起往岸边游吧。

他们不敢朝我开火。”

阿高尔和他的手下看着自己的人质和敌手逃走了，而他们似乎无能为力。尽管“鹰爪”划得越来越慢，但有波卡洪塔斯在帮他。一到岸边，英国人就知道，尽管被伤势所累，两人还是可以躲起来。没有白人找得到他们。而且，很有可能还有其他印第安人埋伏在森林里。

但马克是那种一旦开始追赶便不轻易放弃的人。他看到两人到达岸边的一棵柳树旁，那柳树的根须在河面上相互缠绕，盘根错节。他知道如果伤害到波瓦坦的女儿会带来多大的灾难。但是，他决定冒险一试。

让上尉恐惧的是，他小心地瞄准，然后开枪了。这次子弹击中了目标——它射中了年轻武士的后脑勺，击穿了他的大脑。

波卡洪塔斯在惊恐中试图用手臂抓住他，但他重重地沉了下去，毫无声响，不见踪影。没了！太快了！死了！她的朋友，曾试图救她的人！

她无意识地漂浮着，哭不出来。之后，她慢慢地转过身来，朝背后的小船游去。水手们疑惑她是否真的要回到他们那里。她任由阿高尔上尉帮她上了船。

“我愿意跟你们去詹姆斯敦，现在。”只有这些话。她没有解释其中原因，也不愿回答他们的问题，或者告诉他们为什么自己在有机会重获自由时，却选择跟他们走。

第11章

约翰·罗尔夫

去詹姆斯敦剩下的旅途中，波卡洪塔斯郁郁不乐。“鹰爪”对她来说犹如兄长般珍贵，她为他感到万分悲伤。她想念瑙陶库斯，她已经好些天没有见到他了。

他们即将到达的消息提前传到了白人那里。整个詹姆斯敦在码头迎接他们。阿高尔上尉踏上岸，说他把波瓦坦的女儿带了过来。托马斯·戴尔爵士走上前来。

“欢迎你，公主。不要生我们的气。我们想让你跟我们待上几天。你拯救了史密斯上尉的性命。”

波卡洪塔斯对这种背叛行为感到非常愤怒。但史密斯上尉的名字消除了她的敌意。她想起了白人兄长临行前对她说的话。

于是她朝托马斯爵士笑了一下，开始跟那些她认识的人说话。她由他们带领，来到他们为她准备的房子。它离总督的房子只有几步远。波卡洪塔斯忘却了往昔的危险和悲伤。

“他们派使者去找你的父亲波瓦坦王了，”一个英国妇人一边领她进屋，一边说，“他们会告诉他你在这里。他因为急着想再见你，肯定会答应托马斯爵士的请求。也许你想给你父亲捎个话。要是这样的话，这儿有一个来卖鱼的印第安男孩。他能帮你捎话。”

“请把他带过来。”波卡洪塔斯缓慢地说着英语。

她看着挂在门对面的镜子中的自己。印第安男孩进门的时候，她在镜子里看到他的脸，认出他是一位酋长的儿子。她转过身面对着他。

“小松鼠！把这个悲伤的消息带给老万苏蒂斯吧。告诉她，她的儿子‘鹰爪’勇敢地面对了自己的死亡，告诉她波卡洪塔斯和她一起为他哀悼。”

第二天，信使回来了，带回了波瓦坦俘获的英国人和一些武器。酋长答应等女儿被送还给他，他会送给白人们一些玉米。

英国人对这番回应不甚满意。日复一日，白人和印第安人继续谈判着。他们致力于约束或规避对方。双方都认识到了波卡洪塔斯作为人质的价值。如今她倒是挺开心的。不管走到哪里，她都大受欢迎，不论是被人看守的房子还是总督那里。她总是在问问题，渴望学习一切知识，不管是火枪开火，还是熔化蜂蜡。

殖民地的秘书长约翰·罗尔夫为她讲解一切事物。他绞尽脑汁选取最简单的词。看到她黑色的眼睛因为理解了之前令她感到困惑的事情而变亮时，他获得了极大的乐趣。他是个鳏夫。尽管他已经不再为失去妻子而感到悲伤，但他仍旧想念女人的陪伴。

罗尔夫发现自己在为她解答问题时，几乎像松鼠一样忙碌。

她很快丧失了对白人的敬畏。如今她近距离观察着他们，明白他们在很多方面都和自己的族人是一样的。发现自己无忧无虑的性情使他们感到愉快，她便跟他们开玩笑。波卡洪塔斯乐意留在詹姆斯敦的一个原因是，她希望能得到史密斯上尉归来的消息。

对约翰·罗尔夫来说，这位印第安少女越来越可爱了。他多数时间都跟她待在一起，在整个詹姆斯敦小岛甚至大陆上散步。在森林里，她教他的东西跟他在镇上教她的一样多：观察野生动物的习性，在没有足迹的林子里找到路。他们常常划船去捉鱼，或是用印第安人的方法来挖牡蛎。

罗尔夫有时感到很快乐，有时又感到困惑和低落。有印第安少女的陪伴，对他来说是一件快乐的事。她让他感受到了生活有多么奇妙，森林、田野和河流又充满了多少乐趣和美。但与她结婚的念头升起时，他又想到这条路会有多艰辛。为什么一位英国绅士不找一个英国女人结婚，而要找她呢？

再说了，即便他愿意，波瓦坦也不太可能会答应把自己的女儿嫁给一个白人，总督也不会答应的。他就这样思量了很久。不管如何困难，他一次又一次地下定决心要赢取波卡洪塔斯的芳心，然后娶她。

一天，波卡洪塔斯出现在门边，发现几个人在等她。男人们脱掉帽子，她问道：

“先生们，发生什么了？怎么这么多人来我们这里？”

没有人急着第一个回答。但因为总有人要回答，于是参赞缓慢而沉重地说：

“公主，我们来这里是为和你一起沉痛悼念你朋友的故去，也就是约翰·史密斯上尉。”

“死了？”波卡洪塔斯惊呼，“他死了？”

那些人不愿意把谎话从口中说出，以免良心不安，于是只点了点头。他们以为会看到女孩痛哭或跑开，他们不止一次看到她在难过时是这么做的。但这次她没有。她呆呆地站着，面部如雕像一般毫无表情。

第二天早上，她站在岸边，面向东方的海面，那是他驾船离去的方向。她在以自己民族的方式悲悼“兄长”。

约翰·罗尔夫第二天见到波卡洪塔斯，没看出她有任何异样。共谋者中没有一人把他们传达给波卡洪塔斯的假消息告诉他。

对波卡洪塔斯来说，他的求爱十分温柔且美妙。她知道，还没有哪个印第安人这样赢得过女人的心。当他告诉她他想要娶她为妻，在这片新的土地上安家时，她十分惊讶。她答应了他的求婚，感觉自己像是耳熟能详的故事中的女主角。

托马斯·戴尔爵士开始失去耐心，急于与波瓦坦达成共识。于是，他决定前往威洛沃科莫科，带上波卡洪塔斯作为和平使者。波卡洪塔斯请求托马斯爵士：

“让我回到我的族人中间吧。他们会听我的话，我会快点去找我的父亲。等他再见到我，他会答应我的一切请求。我已经太久没见过他了。”最终，休战持续到秋天，达成了和平。

罗尔夫和波卡洪塔斯在四月结婚了。波瓦坦没有参加女儿的婚礼。但他欣然同意这门婚事，并派自己的弟弟和儿子们代表他去参加。

第12章

波卡洪塔斯在英国

婚后两年里，小小的印第安少女学到了很多。她学会了流利的英语，学会了在公共场合穿戴英国女人的服装，并采用上层人的言谈举止。

她是一位幸福且尽职尽责的妻子。她永远也无法忘记自己已为人母。她的小托马斯不像父亲那样白，也不像母亲那样黑。她十分享受陪在他身边的喜悦。她会带他去一条小溪边，让他光着身子躺在暖融融的石头上。她还会给他唱印第安人的歌谣，给他讲丛林里野兽的故事，即便他还太小，无法理解。

波卡洪塔斯和丈夫一起扬帆远去英国时，她很快乐，内心充满渴望。波瓦坦派一位首领和他们一同前去，去观察英国人和他们的生活方式。

旅途中的一切都让波卡洪塔斯感到很新奇。在甲板上度过的漫长夜晚里，罗尔夫给她讲述英国历史上发生的真实事件和诗人们幻想出来的传奇故事。所有这一切都让她觉得无比奇妙。

在一成不变的大海上航行了数月之后，她还是难以相信自己要去英格兰了。一天，一朵乌云停在东方的地平线上。波卡洪塔斯注意到，丈夫在看到这片乌云后脸上出现了她从未见过的表情。

“英格兰！”他惊呼，然后把小托马斯举到肩膀上，“快看你父亲的英格兰。”

甚至还未在普利茅斯上岸，波卡洪塔斯就开始观察起这个国度。有官员上船来迎接。在乘坐马车缓缓前往伦敦的路途中，每一寸土地都让波卡洪塔斯欣喜地叫喊出来。她不停地向罗尔夫发问——小木屋、美丽的树篱、牛羊成群的富裕农场，所有东西都让她感到好奇。中午和晚上在旅舍停下休息时，她急切地检视一切。但即使在她那少女般的急切中，她也没有失掉自己的体面。

离伦敦越近，可看的东西就越多。大街上满是来来往往的人群。许多人盯着波卡洪塔斯，对仆人发出疑问。到达伦敦郊外时，人群越来越多。

随后的那几天充满了新奇的愉悦。她乘马车在公园里游荡，乘坐豪华的驳船在河上游览。她接待美丽的小姐

们，出于好奇，她们都想亲眼见见印第安公主是什么样子。所有人对这位温柔的夫人都称赞有加。

伦敦的大主教对这位尊贵的夫人有着特别的兴趣。在许多场合下，他都陪同着她，并且决定为她举办一场盛大的舞会。

一曲跳完，波卡洪塔斯看到一位年长的夫人在罗尔夫的陪同下朝她走来。她的外表很讨人喜欢。

“这是特拉华夫人。你晓得，她的丈夫是我们殖民地的总督。”罗尔夫说，“她为你带来了这些英格兰玫瑰。”然后他走开了，留下两个女人在一起谈话。

“这些花很漂亮，”波卡洪塔斯说，“比我们那里生长的花朵更加芬芳。”

“你们的花也很美。我听人说过那里壮丽的树木和葡萄藤，真想亲眼见见。”

“等我们回去的时候，要是你愿意跟我们一起横跨大洋，我会带你看许多新鲜事物，就像你们的土地在我看来那样。我会带你去见我的父亲，他会为你举行舞会。”

特拉华夫人微笑着。已经有人告诉过她印第安人的礼仪。

“或许有一天你会带我去你父亲的宫廷。但眼下我要带你去见我们的女王。她曾表达过想见你的愿望。约翰·史密斯上尉写过一封关于你的信。她急于向你表示敬意。”

“约翰·史密斯上尉给女王写过关于我的信？”波卡洪塔斯惊呼。

特拉华夫人不知道波卡洪塔斯以为史密斯死了。波卡洪塔斯没有多想，她认为史密斯一定是在生前从詹姆斯敦给女王写过信。想到史密斯在垂死之际还在做让她快乐的事，她的心里涌入一股暖流。

不久之后，波卡洪塔斯和罗尔夫在一座漂亮的乡村别墅里受到招待。一个英国女孩带领她参观美丽的古老花园。“看哪，”她从高高的树篱间的缝隙里看过去，“罗尔夫老爷和一群绅士走过来了。啊！其中一人是个英雄人物。那是约翰·史密斯上尉，当然他是来问候你的。”

对波卡洪塔斯来说，接下来的几分钟像几个小时那么漫长。她的丈夫引领客人们穿过小径分岔的花园朝她走来。史密斯怎么还活着呢？他不是死了吗？她听到远处传来他的声音。她问自己，在詹姆斯敦的时候她究竟有没有听人说过他已经死了。

那熟悉的声音愈来愈大。他们走过来了，绅士们朝她鞠躬，但都留在原地。罗尔夫和史密斯走上前来。

“我给你带来了一位老朋友。”他说。

波卡洪塔斯朝他行了个礼，但是说不出话来。她恭敬地致意之后，什么也没说，把头转过来，捂住脸。看到她想要一个人待着，绅士们走开了，谈论着史密斯离开詹姆斯敦后弗吉尼亚殖民地的事务。波卡洪塔斯安静地坐在花园鲤鱼池旁边的长椅上。她思绪万千，回想起自己一生中的种种过往。

她看到他独自一人又朝她走来。她朝他伸出手。“你还记得以前你是我的俘虏吗？”

“记得，非常清楚。夫人，”他说，俯身亲吻了她的手，“您永远对我恩重如山。”

“不要那样称呼我。我永远是你的玛托卡。你还记得我在夜间穿过森林给你报信吗？”

"记得，玛托卡。我怎么会忘记呢？"

"你记得那天，你身受重伤，躺在门前，让我答应你永远做詹姆斯敦和英国人的朋友？"

"我在许多日子里都会想起。"

"我遵守了诺言，不是吗？"

"非常高尚，玛托卡。"

波卡洪塔斯重重地摇了摇头。这个举动让史密斯回想起那个明亮的印第安少女。

接着，波卡洪塔斯对他说了几句波瓦坦语，急于了解他是否还记得。他用她的语言回答了她的话。她沉默不语，但史密斯看出来她十分不安。

"怎么了，玛托卡？你想要说什么？"他问。

"他们告诉我你死了，"她答道，"直到来普利茅斯我才知道真相。但我父亲那时下令去找你，想知道真相，因为你们的人很爱撒谎。"

"别再想了，小妹妹，如果你还愿意让我这么叫你。我没有死，还有很多路要走。"

"我不会留在这里。在你们的土地上我很快乐，但我此刻得了严重的病。他们说这叫思乡病。"

"这个病很容易治愈，玛托卡。但是等你回去了，不要忘记英格兰，还有那些永远不会忘记你的朋友。"

几天后，特拉华夫人陪她去见了女王。

“十分感谢你的光临，”女王优雅地说，“我一直很想见见你。史密斯上尉是对的，他告诉我，我们的人民对你亏欠良多，特别是他。”

“对我们来说，他也是珍贵的朋友。”波卡洪塔斯说。

波卡洪塔斯离开后，女王说印第安公主是英格兰所接待过的最高雅的夫人。

Table of Contents

CHAPTER

1

The Return of the Warriors

Through the white forest came Opechanchanough and his braves. They were treading as silently as the flakes that fell about them.

He was an Indian chief. He was on his way to tell the Powhatan of the victory he had won over his enemies. He did not feel quite sure that he had slain all the war party. The unexpected snow, coming late in the winter, had been blown into their eyes by the wind.

He led the long thin line that threaded its way through the broad cutting between huge oaks. Then, suddenly an arrow flew past his face. At a shout from their leader, the long line swung itself to the right, and fifty arrows flew to the northward. Still there was silence, no outcry from an ambushed enemy, no sign of other human creatures.

The chief consulted with his braves from where the arrow had come. Even while they were talking another arrow from the right flew before his face.

"A bad archer," he grunted, "who cannot hit me with two shots." Then pointing to a huge oak, he commanded:

"Bring him to me."

Two braves rushed forward to the tree, on which all eyes were now fixed. All was white there. But there was something white which moved. The two braves on reaching the tree trunk yelled in delight and disdain.

The white figure moved rapidly now. Swinging itself out on a branch and catching hold of a higher one, it seemed determined to retreat from its pursuers to the very summit of the tree. But the braves did not waste time in climbing after it. They leapt up in the air like panthers, caught the branch and swung it vigorously back and forth. The creature's feet slipped from under it and it fell into their outstretched arms.

The warriors, surrounded by their curious fellows, bore it to the chief, and laid it on the ground before him. He knelt and lifted up the cap of rabbit skin that hid the face. Then he cried out in angry astonishment:

"Pocahontas! What does this trick mean?"

And the white fur bundle, rising to her feet, laughed and laughed till the oldest and gravest warrior could not help smiling. But the chief did not smile. He was too angry. His dignity suffered at being made the sport of a child. He shook his niece and said:

"What does this mean, I ask? What does this mean?"

Pocahontas then ceased laughing and answered:

"I wanted to see for myself how brave you are. I am not so bad an archer, Uncle. I would not shoot you, so I aimed beyond you. But it was such fun to sit up there in the tree and watch all of you halt so suddenly."

Her explanation set most of the party laughing again.

"In truth, she is well named," they cried, "Pocahontas, Little Wanton."

"But I have another name," she said to an old brave who stood nearest her. "Don't you know?—Matoaka, Little Snow Feather."

Her uncle had now recovered his calm and was about to start forward again. Turning to the two who had captured Pocahontas, he commanded:

"Since we have taken a prisoner we will bear her to Powhatan for judgment and safekeeping. Had we shot back into the tree she might have been killed. See that she does not escape you."

Then he stalked ahead through the forest, paying no further attention to Pocahontas.

Though well satisfied with the results of her amusement, Pocahontas had no mind to be brought into her home as a captive. Her father might not consider it so amusing. Moreover, she did not like to be outwitted. She stooped as if to fasten her moccasin. Then she darted like a flash to the left and had slid down into a little hollow before they thought of starting after her. Pocahontas, who knew every inch of the ground, had slipped back into the forest.

Her uncle knew nothing of this escape. He meant to explain to his royal brother how much mischief a child might do.

It was almost dark when they arrived at the village. He entered the lodge. Before the fire in the center he could see his brother Powhatan seated. Then he made out the features of his nephew Nautauquas and Pocahontas's younger sister, Cleopatra. At Powhatan's feet crouched a child in a dark robe, with face in the shadow.

Proudly he began to tell how he had tracked the enemies to a hill above the river. After he had finished, he turned to Powhatan and said:

"Brother, as we returned through the forest, an arrow, shot from the westward, flew before my face. Then a second arrow came out of the branches of an oak tree. We took the bowman prisoner. What do you think we found? A girl!"

"A girl!" repeated Powhatan in astonishment. "Was it one of this village?"

"Yes. Brother. I have her captive outside that you may pronounce judgment. She endangers the life of your brother and she forgets she is not a boy. Bring in the prisoner," he commanded.

But no one came forward. The young braves to whom Pocahontas had been entrusted kept wisely on the outskirts of the crowd.

Then the little sombre figure at Powhatan's feet rose and stood with the firelight shining on her face and dark hair. She asked in a gentle voice:

"Did you want me, my uncle?"

"Pocahontas," exclaimed Opechanchanough, "how did you come here ahead of us, and in that dark robe?"

"Pocahontas can run even better than she can shoot. Uncle, the changing of a robe is the matter but of a moment."

"What does this mean, Matoaka?" asked Powhatan.

"It was but a joke, my father," answered Pocahontas.

"I meant no harm." She hung her head and waited until he should speak again.

"I will have no such jokes in my land," he said angrily, "remember that."

Opechanchanough, still angry, lingered to ask:

"Will you not punish her?"

"Surely I will," Powhatan answered. "Go you all to the guest lodge and I will follow."

They were now alone in the lodge, the great chief over thirty tribes and his daughter, who still stood with downcast head. The Powhatan gazed at her curiously. She waited for him to speak. Then as he kept silent, she turned and looked straight into his face and asked:

"Father, do you know how hard it is to be a girl? Nautauquas, my brother, is a swift runner. But I am fleeter than he. I can shoot as straight as he, though not so far. I can go without food and drink as long as he. I can dance without fatigue when he is panting. But my brother is to be a great brave. Is it not hard, my father? Why then did you give me strong arms and legs and a spirit that will not be still? Do not blame me, Father, because I must laugh and run and play."

As she spoke she slipped to her knees and embraced his feet. When she had stopped speaking, she smiled up fearlessly into his face.

Powhatan tried not to be moved by the child's pleading. This child was as dear to him as a running stream to summer heat. If at times its spray dashed too high, could he be angry?

And Pocahontas saw that his anger had gone from him. She stood up and laid her head against his arm. Then his hand stroked her soft hair and cheek, and she knew that she was forgiven.

"Your uncle is very angry," he said. "I have promised to punish you."

"Yes, as you will." But she did not speak as if afraid.

"Hear what I charge you," he said in mock solemnity. "You shall embroider for me with your own hands a robe of raccoon skin in quills and bits of precious shells."

Pocahontas laughed.

"That is no punishment. I will fashion for you such a robe as you have never seen. But you will never be really angry with me. Father, will you?" she questioned pleadingly.

And Powhatan promised and smiled on her before he set forth for the guest lodge.

CHAPTER

2

John Smith

The Discovery, the Godspeed and the Susan Constant, after nearly five months of tossing about upon the seas, were now swinging at anchor in the broad mouth of the River James. The white sails that had so terrified the Indian maidens now flapped against the masts.

The expedition had set out from England in December 1606. Among those who filled the three ships were veteran explorers and others who had never been a day's voyage away from their island home. They were having a discussion.

There were many points to be considered. The settlement must be near the coast, so that the ships from home would be able to reach it with as little delay as possible. Again, the location must be healthful, and quite easily defended.

At the prow of the Discovery stood a man who paid no attention to the disputes going on behind him. He was not tall, but was powerfully built. His long beard and moustache hid his mouth. There were deep lines from his nose downward that might have been marked by years. His brow was high and wide. And his hair was abundant and his eyebrows dark and high. He held a spy glass. Standing by the rail, he moved it slowly until he had pointed it in every direction.

A sailor, pushing through the crowd about the cabin door, approached the man at the prow.

"Captain Smith," he said, "Captain Newport desires your presence there."

John Smith turned and walked slowly. He was wondering what would be decided in the next hour. When he entered the little cabin he saw a group of people seated in the wide-armed chairs. They greeted Smith as he entered, but with no cordiality.

He knew well that they had been talking of him before he entered. He took his seat in silence.

This meeting now was to elect their president for the year to come. Smith now felt certain that owing to their hostility to him they had already determined among themselves while he was outside the cabin. The result was announced: Wingfield was to be the first president of the Colony. Smith found himself not even mentioned for the smallest office. The others for the most part smiled with pleasure as they looked to see his disappointment. But he showed none. Instead he rose to his feet and said:

"Gentlemen, will you let me suggest for the name of this new colony that of our gracious sovereign, King James?"

All sprang to their feet and shouted "Jamestown let it be!". Then the spot was chosen for their settlement. Captain Newport said, "Let us land ashore and get to work to mark out the site of our Jamestown."

All left the ship with the exception of a few sailors who remained on guard. Smith had strolled alone through the tangle of undergrowth, of flowering vines. There frightened mocking-birds and catbirds were darting.

Then he stopped, his brow knitting. His disappointment had been a keen one. His pride was smitten to the quick. As he stood gazing across into the deeper tangle on the opposite shore his thoughts were occupied with decisions for his future.

"Why should I remain here," he cried aloud, "to be disregarded? I will sail back on the Discovery and even be on the lookout for some new adventures."

A rustling in the bushes behind him made him turn quickly. There stood three of his friends.

"We are your friends, Captain. We came to this strange land to make our fortunes because of your coming. Now if you don't have a voice in the managing let us leave the island. What do you say, Captain?"

Smith did not answer at once. The friendliness of these men touched him deeply just at that moment. "If we were strong enough to gain and hold part of the stores and one of the vessels, would you let me lead you away to some other island of our own, men?" he asked.

"Yes, Captain," cried all three.

Each day the work of clearing the ground and of setting up the tents proceeded apparently more rapidly than the day before. Everyone was so wearied. Smith was very unhappy at the manner in which he was still treated. He eagerly seized an opportunity to leave the island.

With Captain Newport and twenty others, he set out in one of the ships' boats to explore the upper part of the river. They were absent for a number of days, after having explored as far as the great falls near a Powhatan village. Then they returned to Jamestown.

On their arrival they were greeted with the grave news that during their absence the Indians had killed a boy and wounded seventeen of the colonists. A shot fired from one of the ships had luckily so terrified the savages that they made off for the woods.

It was now June. Suddenly, to the astonishment of all, the Indians approached and made signs that they desired to enter into amicable relations with the white men. They jumped out from their boats and fingered the clothes of the colonists, their guns and their food. They showed great curiosity at everything.

Then on the seventh of June the colonists stood on the river bank. They looked gravely at the Discovery as she sailed for England. The vessel bore Captain Newport away, and leaving them alone in Virginia with many doubts and fears in their hearts.

CHAPTER

3

A Fight in the Swamp

At Werowocomoco not a day passed without new rumors of the white strangers and their curious habits.

Then came the comforting word of the death of a white boy slain by an arrow. So they were mortal after all, said the chiefs. Since these were but men who could hunger and thirst and be wounded, they decided to plan measures against them.

Many of the chiefs urged immediate steps. Nautauquas, son of Powhatan, was among the most eager for action. He had won for himself the name of a great brave and a mighty hunter though still so young.

"Let me go, my father," he pleaded.

"Wait!" was Powhatan's only answer.

Powhatan, in spite of his years, felt the urge of action. His heart leapt up when his favorite son gave voice to his own wishes. He longed to take the warpath, to glide through the forest, to spy upon the strangers who had dared make a place for themselves in his land, and then to fall upon them. Yet he dared not do this. He was not only a great war chief, but a leader of his people in peace.

When Nautauquas came out from his father's lodge he took his bow and went into the forest to hunt. In his disappointment he had a hatred of more words and a longing for deeds. He ran swiftly and had reached a spot where he felt sure that he would find a flock of wild turkeys. Suddenly he saw Pocahontas ahead of him. She too was hurrying, bent evidently on some errand that absorbed her. She did not stop to peer up at the birds or to pull the flowers as she was used to do.

"Matoaka," he called, "where are you going?"

"To see the strangers and their great white birds

again, Brother. I cannot rest. I am eager to know what they are like nearby."

"Haven't you heard our father's word that no one shall go near the island where the strangers are?" he asked.

"My father does not mean me," she answered proudly. "As you know, he permits me much that is forbidden to others."

"But not this, little sister. If you disobey his command in this matter he will deal harshly with you. Turn back with me, Matoaka. You shall help me shoot."

Pocahontas was reluctant to give up her long-planned expedition. But she let herself be persuaded. It was a great joy to hunt with her brother and to see which of them would bring down the most turkeys.

There was real lack of food at Jamestown. The stores were growing daily scarcer. John Smith thought that supplies were the first necessity of the colony. He had gone forth on several expeditions up the different rivers in search of them. Yet again it was almost empty and starvation threatened.

Something must be done at once. The Council sat in debate upon the serious matter. Captain John Smith waited until the others had had their say. Then he rose and began:

"Gentlemen, there is but one thing to do. Someone must go forth again to seek for food. Give me two men and one of the ship's boats and I will set off to the northward. God help me, I will bring back provisions for us all and make some permanent treaty with the savages to supply us till our crops are grown."

Smith's demand was agreed. The barge was ready.

They had reached a likely spot for trading. Smith took two men and two friendly natives in a canoe. They set off to explore the river further.

He was glad to be away from the noise of complaining men at Jamestown. On this expedition he was with friends. He realized that the natives were growing less friendly as time went on. They began to lose their first awe of the white men. But he had no fear for himself.

They kept in the middle of the stream to be safe from any arrows that might be shot at them from shore. But after many hours of this caution, Smith determined to explore a little on land. To his practiced eye a certain little inlet seemed so suitable a landing for canoes that he felt sure an Indian village could not be far off.

"Push out into the stream again," he commanded as he stepped ashore,"and wait for me there."

John Smith strode into the forest, ready for friendship or war. Suddenly, as he came out upon an open space two hundred shrieking savages rushed upon him. They were shooting their arrows wildly at all angles.

"War then!" cried Smith aloud. As one young brave in advance of the others stopped to take aim, he leapt forward and caught him. Smith ripped off his own belt and bound the astonished Indian to his left arm so that he could use him as a living buckler. Thus protected, he fired his pistol. An older chief was killed instantly. The savages had ceased to shoot. But all at once he became aware of a new danger. The marshy ground on which he stood had softened with his weight and that of his living shield. He now felt himself sinking deeper and deeper into the morass until he was submerged up to his waist.

The day was bitterly cold. The stagnant water struck a chill to his very bones. His teeth began to chatter with cold, not fright. It was almost with a sense of relief that he saw the Indians start towards him. They gradually surrounded him. Two took hold of him and others loosened the bound brave. They drew him up from the slushy earth by the arms.

He was now a captive, and not for the first time in his life. There was nothing to be gained, he knew, by struggling. He faced them with no sign of fear. They led him to a fire. Opechanchanough was sitting there.

At a word of command from him, the guards moved aside. The huge warrior walked slowly around Smith, examining him from head to foot.

There was a pause which might be broken by an

order to torture and kill him. He did not understand their hesitancy, but he meant at any rate to take advantage of it. He must engage the attention of the giant chief before him. Slowly he pulled from his pocket his heavy silver watch and held it up to his own ear.

Never had the chief and his men experienced such an awe of the unknown. For all they could tell, this small ball in the white man's hand might contain a medicine more deadly than that of his pistol. They stood like children in a thunderstorm, not knowing when or where the bolt might strike.

But nothing terrible came to pass. Then the chief's curiosity was aroused and he put out his hand for the watch. Smith, smiling, held it towards him in his palm and then laid it against the chief's ear, "Listen." The chief jumped with astonishment and cried out:

"A spirit! A spirit! He has a spirit imprisoned!"

Then one by one the captors crowded forward to look at it with astonishment. In order to increase this feeling of awe and to lengthen the delay, Smith felt in his pocket again and brought out his travelling compass. It was of ivory and the quivering needle was pronounced by the chief to be another spirit.

But suddenly, without warning, two of the younger warriors seized Smith and dragged him swiftly to a tree. They threw a cord of deer thong about him, drawing it fast. Then they notched their arrows and took aim at his heart. "In one second it will be over," thought Smith, "life, adventures, my ambitions and my troubles."

Then the chief called out to the braves, holding up the compass. Frowning with disappointment, the young men loosed their captive. Smith realized that it was again the chief's curiosity which had saved his life. By means of such Indian words as he knew and by the further aid of signs he tried to explain its usage.

When all had looked at the compass, the chief took it again in his hand. This was something precious and he meant to keep it. But he did not know what it might do to him. At any rate, it would be a good thing to take with him the man who did understand it.

"Come," he said, "since you can understand our words, come and eat in the lodge."

And Smith, ignorant of when death might fall upon him, followed. That day they feasted him. The half-starved Englishman ate heartily for the first time since he set foot in the new world. At least he had gained strength now to bear bravely whatever might await him.

The next day was spent in marching, and the following night in another village. Everywhere he was the object of the greatest interest. Braves, women and children crowded about him, fingered his clothes, pulled at his beard and asked him questions. The Englishman observed them with the same interest.

After many days of traveling, they found themselves one afternoon at the outskirts of a larger village than any they had entered. Dogs barked and children shouted as men and women came running from every side.

"Certainly," thought Smith, "we are expected."

CHAPTER

4

Pocahontas Saved Smith

"Princess, Pocahontas!" cried Claw-of-the-Eagle, a young Indian brave, as he pointed excitedly to the outskirts of the village. "Look, there comes your uncle and his men bringing the white prisoner with them."

Pocahontas jumped down from the grapevine swing where she had been idling. She started off running towards the gathering crowd. Never in all her life had she desired anything as much as she now desired to gain a sight of this stranger.

"What does he look like?" she called out, panting, to the boy ahead. But her own swiftness answered the question, for she was soon abreast of the procession. There, walking behind her uncle, unbound and apparently unconcerned, she saw the white man. Her eyes devoured every detail of his appearance. She was almost disappointed to find that he had only one head and two eyes like all the rest of her world. But the strange hue of his face and hands offered enough novelty to satisfy her.

Smith noticed the Indian maiden, already in her thirteenth year, tall above the average. In his wanderings he had seen many young girls and women. But none of them had seemed to him so well built or with such clean-cut features as this maiden who gazed at him so fixedly. Her uncle caught sight of her and made a gesture of recognition. What would happen then, he wondered, as he walked calmly through the crowd who watched him curiously.

And this, too, was what Pocahontas was thinking. What would her father do with this man? She determined to see and hear all that should take place. So she hurried ahead to the lodge, where she was sure to find her father. She entered it unchallenged by the guards.

Once inside, she realized that the stranger's coming had been expected. Probably her uncle had sent runners ahead whom she had no chance to see. All the chiefs were gathered there waiting and there also sat the Queen of of an allied tribe. She herself stood against the wall nearest to the mother of her sister Cleopatra. While she was still looking around, the entrance to the lodge was darkened and a great shouting went up from all the braves as her uncle strode in, followed by his prisoner.

Powhatan sat in silence until Smith stood directly before him, and then he spoke:

"We have waited many days and nights to see you, wayfarer from across the sea."

Smith, looking up at him, saw a finely built man of about sixty years, with grizzled hair and an air of command. He smiled to himself. "I too have listened to many voices which have told of your might, great chief," he answered, speaking the unfamiliar words slowly and distinctly.

A bowl of water was held out to Smith for him to

wash his hands in. At the command of Nautauquas, the slaves began to bring in food for the feast. There was little talk while the feasting continued. Pocahontas, who did not eat, lost no motion of the stranger's.

"At least," she thought, "he lives by food as we do." And she watched to see whether he would entangle his meat in his beard.

At last everyone had eaten his fill. The dogs snarled and fought over the scraps until they were driven from the lodge. Then Powhatan began to question his prisoner.

"Are you a king?"

"No, lord," replied the Englishman when he had comprehended the question. "I but serve one who rules over many thousand braves."

"Why did you leave him?"

"We set forth to humble the enemies of our king, the Spaniards," he replied.

"And why did you come ashore on my land and build yourselves lodges on my island?"

"Because we were weary of much buffeting by

the waves and in need of fresh food."

For a moment at least Powhatan seemed content with this explanation. His curiosity in regard to the habits of these strangers was almost as keen as that of his daughter.

"Tell me of your ways," he commanded. "Why do you wear such garments? Why do you have hair upon your mouth? How mighty are your medicine-men? And how can you build such great canoes with wings?"

Smith tried to satisfy him. Opechanchanough spoke to his brother, telling him of the watch and compass. Powhatan seized them eagerly, turned them over and over and held them to his ear, listening while Smith explained their use.

"I would like to know of those strange reeds you carry that bear death within them," commanded the chief.

Smith was aware that the Indians' fear of the white man's guns was the colony's greatest protection. So he answered:

"If my lord will come to Jamestown, as we call

the island, he himself shall see guns as much greater than this one at my side," and he pointed to his pistol.

This answer moved Powhatan strangely. He spoke rapidly, in words Smith could not understand, to some of the chiefs before him. Then turning to Smith again, and speaking in a tone no longer curious but cold and stern, he asked:

"How soon will you set forth in your canoes again for your own land?"

The question Smith had dreaded must now be answered. There was danger in what he must say. At all events, a lie would be useless even if he had been able to tell one.

"The land is wide, oh mighty king, this land of yours, and a fair land with food enough and space for many tribes. Think of your enemies who dwell to the north and west of you. They envy your corn fields and your hunting grounds. If you sell a little island and a few fields on the mainland, we shall join with you and your braves against your foes. Will it not advantage you when we destroy your enemies with our guns? Let us be friends and allies, oh Powhatan."

The shouting from all sides of the lodge showed him that the other chiefs were strongly roused by his words. There was a long consultation. Smith knew that his fate was being decided. He tried to catch their meaning. At last, however, Powhatan waved his hand for silence and issued a command.

It was the death sentence. Every eye was turned upon Smith. Well, they should see how an Englishman met death. He smiled as if they had brought him good news. If only his death could save the colony, it had been indeed a welcome message.

When Pocahontas saw the Englishman smile, she knew him to be a brave man, and somehow felt sorry for him. She was sorry for herself also. He could have told her many new tales of lands and people. Why must they kill him, why not keep him always a prisoner?

At a quick word from Powhatan two young braves seized Smith. He made no resistance. They threw him down on the ground, then lifted his head upon the stones. Another savage, a stone hatchet in his hand, strode forward and took his stand beside him.

"Well," thought John Smith, "life is over. I have traveled many a mile to come to this end. What will happen to Jamestown? At least I didn't fail them. I'm glad of that now."

He saw Powhatan lean forward and give a sign. Then the red-painted face of his executioner gazed at him and he watched the tomahawk descending and instinctively closed his eyes.

But it did not descend. After what seemed an hour of suspense he opened his eyes again to see why it delayed. At the feet of the man knelt the young girl whom Smith had noticed. The child was pleading for his life, he could see that.

But they would not listen to her pleadings and ordered her angrily away. Powhatan nodded to the executioner to obey his command.

With a bound Pocahontas flung herself down across Smith's body, got his head in her arms and laid down her own head against his. The tomahawk had stopped but a feather's breadth from her black hair. It was so close that the Indian who held it could scarcely breathe for fear it might have injured the daughter of the Powhatan.

There was silence. Then Powhatan spoke:

"Rise, Matoaka! Dare not to interfere with my justice!"

"No, father," cried Pocahontas. She lifted her head while her arms still lay protectingly about Smith's neck, "I claim this man from you. I will adopt this paleface into our tribe."

Powhatan spoke sternly:

"Do you claim him in earnestness, Matoaka?"

"Yes, my father. I claim him. Don't kill him. Let him live among us and he shall make you hatchets. He shall fashion bells and beads and copper things for me. "

"So be it," answered the Powhatan.

Pocahontas rose to her feet, took Smith by the hand and raised him up.

CHAPTER

5

Smith's Guard

The following morning Claw-of-the-Eagle passed before the lodge assigned to the prisoner and found Pocahontas seated on the ground in front of it.

"What are you doing here?" he asked, "and where are the guards?"

"I sent them off to sleep as soon as the sun came back to us," she answered, looking up at the tall youth beside her. "I can take care of him myself during the day."

"Have you seen him yet? Tell me what he is like. I saw him but for the minute yesterday."

"He is sleeping still. I peeped between the openings of the bark covering here and saw him lying there with all those queer garments. I am eager for his awakening. There are so many questions I would ask him."

"Let me have a look, too," pleaded the boy.

Pocahontas nodded and motioned graciously to the opening of the lodge.

"He is a good sleeper," he remarked.

"And doubtless he is as good an eater and will be hungry when he wakes. Will you not stop at our lodge, Claw-of-the-Eagle, and ask them to bring me food for him?"

He did as she asked. Shortly after the women arrived with earthen dishes filled with bread and meat. They peered eagerly through the crevices till Pocahontas commanded them to be off. Hearing a noise within the lodge, she was about to bear the food inside when Smith stepped to the entrance.

He realized that this maiden would be an efficient guard.

"Here is food for you, White Chief," she said, placing it on a mat she had spread on the ground. "Sit and eat."

"It is welcome," he answered. "But first listen to me. I have not words of your tongue, little Princess, to pay you for your great gift. Though my words were as plentiful as the grains of sand by the waters, they were still too few to offer you."

"Gifts made to chiefs," she answered with a dignity copied from her father's, "can never pay for princely benefits."

Smith could not help smiling. In spite of her height, he realized that her years were but few.

"Yet," she continued, seating herself, "it pleases me to receive your thanks."

Now she put aside her grown-up air and her curious glances were those of the child she was. She fingered gently the sleeve of his doublet stained by the morass in which he had been captured.

"It is good English cloth," he remarked.

"Did your woman make your coat for you?"

"I have no woman, little Princess."

"I am glad," she sighed.

"And why?"

"I do not know." Her brow wrinkled as she tried

to hide her own feelings. "Perhaps it is because now you will not pine for her and leave us."

"But I must leave here soon, little maid. My people at Jamestown are waiting for me."

He said this in order to try and find what was the intention of Powhatan towards him. Now that his life was saved, his thought was for his liberty.

"You shall not go," she cried, springing up. "You belong to me. It is my will to keep you that you may tell me tales of the world beyond the sunrise and make new medicine for us. You shall not go."

He sighed as he thought of his fellows at Jamestown, ill, starving, and now doubtless believing him dead.

Now that he did not attempt to oppose her, Pocahontas sank down again beside him. Already there was an audience. Braves, women and children were crowding about, watching the paleface eat.

Smith tugged at his beard with both hands and smiled. His audience burst out laughing. One of the older men pointed to his pocket and asked what he had in it. He brought out a pencil and a small notebook. He wrote a few words and handed them to Pocahontas, saying:

"These are medicine marks. If one should carry them to Jamestown they would speak to my people there and they would hear what I say here."

Pocahontas shook her head. But Smith determined to keep her thinking of the possibility of his return to Jamestown. So he continued:

"Princess, if you would accompany me there I could show you stranger marvels still."

"No," she cried angrily, "you shall never go there. You are mine. You should do as I will. Is it not so?" she appealed to those about her. They all shouted yes, confirming Smith that his fate had been placed in a girl's hands.

At last only Pocahontas was left with the prisoner. Smith glanced about to see what the chances of escape might be should he make a sudden dash. But the sight of some braves at a lodge not more than a hundred feet away busied in sharpening arrowheads made him settle down again.

"Tell me, White Chief," said Pocahontas as she

lighted a pipe she had filled with tobacco and gave it now to Smith. "Tell me about yourself and your people. Are you in truth like us? Do you die as we do or can your medicine preserve you forever? Can you change yourself into an animal at will? If so, I would like to know how to do it."

Smith looked critically at the girl who sat on a mat beside him. He had never seen a maiden whose spirit was more eager for life. Also, Pocahontas was a bright listener. She guessed at much he could not express and helped him with gesture and phrase.

"Princess," he began, when she interrupted:

"Call me Pocahontas as do my people. Maybe someday I'll tell you my other name."

"Pocahontas, then," he repeated slowly, "I will obey you. We are but men, as are your people, subject to cold and hunger, ills and death. You ask for tales of the land where I come from. They are so many like the leaves of the forest that I cannot count them."

Pocahontas nodded.

"Our land, fair England, set in a stormy sea, is a

mighty kingdom many, many days' journey over the waters. There all men and women are as white as I am. Our land, now ruled by a king, was a few years ago under the sway of a mighty princess."

"Was she fair?" asked Pocahontas.

Smith hesitated. "Not beautiful was she," he replied, "but a very king of men!"

He puffed a moment and then continued:

"I was born some years ago in a part of our island called Lincolnshire. It is low and marshy in places like the morass where your uncle took me prisoner. Yet it is a land I love, though it grew too small for me. So I went forth on the warpath against our foes in France and in the Netherlands. Then I felt a longing to return to my own home. I lived there for a time and then I set forth once more and traveled long in a land called Italy. I entered later the service of an emperor to fight for him against the tribes of his foes, the Turks. But soon after that was I taken prisoner by these Turks and sold into captivity as a slave."

"Ah!" breathed Pocahontas deeply. For once in

her life she was getting her fill of adventures.

"I was given as a slave to another princess in the City of Constantinople. I escaped into the desert and finally after many strange adventures I reached again a land where I had friends. Then—"

"Tell me of the princess," interrupted Pocahontas. "Did she ill-use you also?"

"No, in truth, she was kind to me," replied Smith, "She was very beautiful, with lovely garments and rich jewels," he added, thinking to interest the girl with descriptions of her finery, "and I owe her many thanks."

"Was she more beautiful than I?" asked Pocahontas, her brows knitting angrily.

"She was very different," the amused Englishman answered. He did not wish to hurt the feelings of one who had done so much for him. "She was a grown woman," he added, "and therefore it is not proper to compare her with a child like you."

"I am no child. I am a woman!" cried Pocahontas, springing up in a fury and rushed off like a whirlwind towards the forest.

John Smith looked after her in dismay. If he had turned his only friend against him then was he indeed in a sad trouble!

CHAPTER
6

Smith Returned to Jamestown

By the middle of the second day Smith found himself less an object of interest. He saw Pocahontas leave her lodge. But instead of coming in his direction, she was soon out of sight.

He could not see that a young Indian boy went to meet her.

"Is Wansutis by her hearth?" asked Pocahontas.

"She is," Claw-of-the-Eagle replied, and walked on beside her with no further word.

Claw-of-the-Eagle was most eager to learn what had brought the daughter of Powhatan to his adopted mother's lodge. He entered it with

Pocahontas and pretended to be busying himself with stringing his bows in order to have an excuse for staying.

"Wansutis," began Pocahontas, standing in the sunshine of the entrance, to the old woman who sat smoking in the darkest part of the lodge, "you have the knowledge of all the herbs of the fields and of the forests, those that harm and those that help. Is it not so?"

The wrinkled woman looked up and smiled.

"And so Princess Pocahontas comes to an old woman for a love potion."

"No," cried the girl angrily, coming closer, "not so. I want something quite different—herbs that will make a man forget."

"I have no such herb, maiden."

"Is it then so hard to forget an old lodge and other ways?" pondered the girl. "It seems to me that each day among strangers would be the beginning of a new life. It would be pleasant to know I could not foresee what would come to pass before nightfall." She asked, looking eagerly at both the old woman and the boy. "Why should this paleface desire to return to the island where they sicken and starve while here he has plenty of food?"

"Wait till you are among strangers away from your own people," cried the old woman sternly.

"So you have no drink of forgetfulness to give me?" asked Pocahontas, hesitating at the entrance. But the old woman did not answer. Pocahontas walked off slowly, meditating as she went.

It had grown dark. John Smith stretched himself out by the side of the fire in his lodge. The cheerful crackling was welcome. His thoughts were disturbed by the entrance of two Indians. "We come," they said, "at Powhatan's order to take you to his lodge in the wood."

He didn't know what this order might mean. He rose quickly and followed them through the village. Smith was ushered into a lodge. The two Indians, after stirring up the fire and throwing on fresh logs, left him alone.

After a short silence, he heard a voice begin a low,

weird chant. Then one by one the different voices joined in, uttering hideous shrieks. The ground shook with the shuffling of many feet. The noise grew louder and more fiendish in character. Then he saw the Powhatan. Other braves and chieftains followed. To his astonishment, they did not fall upon him. The Powhatan alone approached him, saying:

"Have no fear, my son. We come not to harm you. The ceremony which you have heard was to witness the friendship we have sworn. You are no longer a prisoner but free to come and go as your brothers here, even to return to your comrades on the island. When you have arrived there send me two of those great guns that spit forth fire and death. Therefore I present to you a land where you may live and build a lodge. Moreover, I will regard you as my own son."

It was wonderful news that he was free to go to Jamestown. And if the Powhatan and his people had sworn friendship to him, would that not mean that through him the colony should be saved? He longed to know what had brought about this sudden change in his fate. With the best words at his command, he spoke his thanks.

"I thank you, great Powhatan. In truth if you will be my father, I will be your son. There shall be peace between Werowocomoco and Jamestown. If you will send men with me to show me the way they shall return with presents for you."

Powhatan gave certain orders and twelve men stepped forward and laid aside their masks and announced themselves ready to accompany the paleface. Smith had not imagined that he could leave that night. He was so eager to be off that he lost no time in his farewells.

They set forth into the forest. On and on they went, then the world ahead of him seemed to grow wider and lighter. The trees had larger spaces between them and the figures of the Indians were like a blurred drawing. Was it a star shining before them? Was it light that grew brighter and brighter?

"Jamestown!" he cried out in his own tongue. "Jamestown! There is Jamestown!"

The Indians gathered about him and began to question him eagerly. Would he give presents to them all? Would they have the guns to carry back with them?

As they stood there a young man ran up behind them.

"Claw-of-the-Eagle!" they exclaimed.

The boy put into the hands of the astonished Smith a necklace of white shells. He remembered to have seen Pocahontas wear.

"Princess Pocahontas sends greetings," he said, "and bids you farewell for today now that she has seen you safe again among your people."

So John Smith knew that Pocahontas had accompanied him through the forest.

CHAPTER

7

Pocahontas Visited Jamestown

At Jamestown John Smith sometimes experienced a feeling of loneliness. He thought of Pocahontas and wondered whether she would not come to Jamestown.

It was on a winter day that Pocahontas made her first visit to the colony. Though they might lack most of the necessities of life, there was no scarcity of fuel. A huge bonfire was blazing at an open space. Around the bonfire sat John Smith and several gentlemen. He was pointing out to them on a rough chart the direction in which he thought the town should spread out.

When Smith looked up from his chart, he saw standing before him the young Indian who had brought him Pocahontas's greeting after the night journey through the forest.

Claw-of-the-Eagle spoke:

"Princess Pocahontas sends me to inform you that she has come to visit you."

"She is most welcome," cried Smith, springing up. Then he called out in English: "Come, friends, and help me receive the daughter of Powhatan. She saved me at the risk of her own life. Give her a hearty English welcome."

The colonists needed no urging. They were eager to see what an Indian princess looked like. But Smith outran them all. At the sight of the bright girlish face he stretched out his hands towards her as he would have done to an English maiden he knew well.

"Ah! Little friend," he said, "Pocahontas, my life, my freedom, my return home and now this pleasure."

Pocahontas only smiled. Smith then turned,

waving his hand to the men who had followed him.

"These, my comrades, would thank you too if they could speak your tongue."

The hats of cavaliers and the caps of the workmen were all taken off. Pocahontas acknowledged their courtesy with great dignity.

"Let us show our guests our town," suggested Smith, "I will lead the princess. Please care for her maidens and the young brave." As they walked along the path from the fort to Jamestown's one street he asked: "Tell me, my little jailor, why the chief set me free. I have wondered every day since, and I cannot understand. You talked with him, was it not so?"

"Yes," answered the girl. "First I was angry with you. Then my heart, though I did not wish to listen to it, made me pity you away from your people. My father would not listen to me at first, but I pleaded and reasoned with him. I told him that your friendship for us would be very important."

"But what did the songs and dances in the hut in the woods mean, Matoaka?"

"That was the ceremony of adoption. You are

now the son of Powhatan and my brother. You were taken into our tribe, and those were the ancient rites of our people."

"And the journey through the woods, did you follow all the way for the sake of my safety?"

But Pocahontas did not answer.

"You are like the Sun God," said Smith with genuine feeling, "powerful to save and to bless, little sister—since I have been made your brother."

Pocahontas was on the point of replying when she suddenly burst out laughing at a sight before her. Two men who were rolling a barrel of flour let it slip from their weakened fingers. It rolled against one of the carpenters standing with his back to it. It was undoubtedly a funny sight and she was not the only one to be amused. But the man did not rise.

"Why didn't he get up?" asked Pocahontas. "He cannot be badly hurt by such a light blow from that queer-shaped thing."

"I fear he is too weakened by lack of food," answered Smith, gravely.

"No!" she cried, shaking her head till her long

braids swung to and fro, "You shall not starve while there is plenty at Werowocomoco. This very night I will myself send food to you. It hurts me here," and she laid her hand on her heart, "to think that you should suffer."

Just then President Wingfield and several officers, having heard the news of Pocahontas's visit, came toward them. They realized that the presence of this child, the best-loved daughter of the powerful Indian chieftain, was an important event. They did not quite know what to expect. She listened to their words of welcome and answered them through Smith's interpretation.

"We must give her presents," suggested one of the officers. He sent a servant to fetch some of the trinkets which they had brought.

Pocahontas forgot her dignity at the sight of them and clapped her hands in delight as Smith threw over her head a long chain of white and blue beads. Her pleasure was even greater when he held up a little mirror and she saw her face for the first time reflected in anything but a forest pool.

"Is that too for me?" she asked eagerly and clasped it to her breast when it was put into her hand. Then she peered into it from one side and the other, unwearied in making acquaintance with her own features.

The other maidens and Claw-of-the-Eagle were given presents also, but less showy ones. Smith went into his own little house and after hunting through his sea-chest, brought out a silver bracelet. He slipped it on Pocahontas's arm, saying:

"This is to remind Matoaka always that she is my sister and that I am her brother."

It seemed to Pocahontas that she was incapable of receiving any further new impressions. "I will go back to my father's lodge," she said and did not speak again till they reached the fort. When Smith had seen the little party beyond the fences, she called back to him:

"Brother, I shall not forget. This night I will send you food. I am well pleased with your strange town and I will come again."

Pocahontas was as good as her word. That same

evening as soon as she had exhibited her treasures to Powhatan, she busied herself in getting together baskets of corn, haunches of dried venison and bear-meat and sent them by swift runners to her brother at Jamestown.

In the following days, the pressure of her bracelet on her arm would recall its giver. She saw again in her mind his eyes, so kind when they smiled on her, so stern at other times. She thought too of the men she had seen. Her father made no objection when a day or two later she told him that she wished to take another supply of provisions to the white men.

So every three or four days Pocahontas brought food to Smith, for his own need and for that of his fellows. Sometimes, accompanied by her sister or her maidens, she would go by night to Jamestown. Half laughing, half frightened, they would set down the baskets before the fort and run like timorous deer back to the forest. Sometimes, with Claw-of-the-Eagle as her companion, she would walk through the street of Jamestown. She came to symbolize to them the hope in the new world they had all but lost. They were happy to see her, not only for her gifts, but for herself.

A few days later news came from Opechanchanough that the big canoe, so eagerly expected by the strangers, had been seen and was now on its way up the river. Powhatan was surprised, for it was the very day the white captain had foretold its arrival. Truly a man who could see so far across the waves of the big water was one to be feared. And from that day he had deep respect for John Smith and his powers.

For a long time Powhatan had desired to secure weapons such as the white men used, but the colonists had so far refused the Indians' request. Now he determined to try other methods. He sent twenty fat turkeys to Captain Newport, asking that in return the Englishman would send him twenty swords. Newport had not refused and had sent the swords in return. Then Powhatan, still eager to secure a further store of weapons, had twenty more fine turkeys carried to Smith, asking for twenty swords more. But Smith refused. The disappointed savages showed their anger and cried out insolent words against Smith.

Finding they could not weaken his decision, they sought to steal the swords. They were discovered and Smith had them whipped and imprisoned. The prisoners believed in Smith's power to read the past as well as the future. They thought it useless to try to hide the truth from him and confessed that Powhatan had commanded them to secure the swords by any method.

Powhatan was now aware that his plan had failed. To convince the palefaces of his good faith he must send someone to talk with them whom they would trust. And so it was that Pocahontas went to Jamestown as ambassadress.

Accompanied by slaves bearing presents of food, Pocahontas was received at Jamestown with much ceremonial.

"I bear these gifts from the Powhatan," she said to Smith, who always acted as interpreter. "He begs you to excuse him of the injuries done by some rash captains."

The manner in which she delivered this little

speech was so frank that Smith knew she was ignorant of her father's real part in the theft.

"Are you coming, Matoaka, to free these men?"

"Oh, yes, my Brother," she replied eagerly.

"And yet, little Sister," answered Smith gravely. He watched her quick change of expression. "I must deliver these prisoners to another guard, to one who will treat them as sternly as you treated me at Werowocomoco."

Pocahontas's drawn brows indicated her effort to understand his meaning.

"Will you be their guard, Matoaka?" he asked. She suddenly comprehended his joke and laughed aloud.

The men were given into her custody. On her return home Powhatan was much pleased with his daughter's embassy.

In September of that year Smith at last was made the head of the colony. In London the governors of the Colony had decided it would be a wise thing to attach Powhatan still closer to the English settlement. They thought this Indian chieftain of thirty tribes would be delighted with a coronation. They sent orders that Powhatan should be brought to Jamestown and crowned there with the crown they shipped over for that purpose.

The Indians came forward to welcome the white men. "It does not seem wise to go further off from our boat. If they mean harm to us we shall fight." Someone said to Smith.

"There will be no fighting," declared Smith.

But just then loud shrieks came from the woods, and between the trees dashed out a score or more creatures directly upon them.

CHAPTER

8

Powhatan's Coronation

The trees grew so close together that it was difficult for the Englishmen to distinguish in the shadows the figures between the trunks. They were half naked: a mass of something painted red.

In that moment John Smith lost his faith in the friendship Powhatan had sworn to him. He drew his sword, ready to pierce the first comer.

Then he looked again and hastily thrust his sword back into its scabbard. He shouted to his comrades who had also drawn their blades, "Hold!"

For there before him, the first of the dancers who had run out of the forest, advanced Pocahontas! She carried a bow and arrow in her hand. In a flash she realized what the Englishmen were thinking—that they were caught in an ambush.

"My Brother!" she cried out in a tone that rang with disappointment, "Did you too doubt me? Tell them, your companions, that I lay my life in their hands if any harm was intended."

John Smith felt so at a loss as to what he should reply. He hurriedly explained to the others that Pocahontas was evidently intending to do them special honor in welcoming them. Then facing her, he cried:

"Forgive us, Matoaka, and be not angry that we mistook your kindness." Pocahontas's disappointment vanished at once and she sped back with her comrades to the woods. Now Nautauquas came forward and greeted Smith.

"My father has just returned. He hurried back when he learned that you were to visit him. He has had the guest lodge prepared and awaits your coming."

Powhatan greeted them when they entered the lodge. "Tell them they are welcome, your comrades," he said to Smith, "and you, my son, are always as one of my own people."

They seated themselves on the mats spread for them, and the usual feasting began. Then Smith rose to his feet and began to speak. Pocahontas, who had stood at the entrance looking in, now entered and sat down at her father's feet.

"Ruler of many tribes, we have come to bring the greetings sent to you from across the sea by our own great king. Our King James has desired that you should be crowned as another king, his friend, so that the English may know that he calls you 'brother', and that your own people shall hold you in greater awe."

Powhatan showed no sign of interest in these words. But from the eager look on Pocahontas's face Smith was aware that his Indian speech had at least been comprehended.

"Therefore," Smith continued, "it is planned to hold your coronation at Jamestown. Our King has sent presents for you which await your coming to us."

Then he ceased and looked to Powhatan for an

answer. Powhatan thought a moment in silence. Then he spoke:

"If your king has sent me presents, I am also a king, and this is my land. I will stay to receive them. Your Father is to come to me, not I to him."

He spoke with so kingly a dignity that the Englishmen did not seek to dissuade him. They promised to do as he wished and to persuade Newport, whom he called their "father", to go to Werowocomoco. Then they departed for Jamestown.

It was some days later that Smith, Captain Newport and fifty men started to march to Werowocomoco for the coronation of Powhatan. The presents were sent by boat up the river. When the company of Englishmen arrived, the entire population of the village and those of other villages for leagues about were awaiting them.

Powhatan and Captain Newport eyed each other appraisingly. After their greeting, the gifts were brought into the field.

Then Captain Newport presented a mantle of soft English cloth to Powhatan and placed it on his shoulders. He held a mirror that the chief might see himself.

Then they proceeded to the crowning. The drummer beat a loud tattoo and the trumpeter blew a call that startled the women and the children into shrieks. The braves were quicker in hiding their astonishment. Then Smith and Newport walked forward, Newport holding the crown. Smith said:

"Kneel that we may crown you."

But Powhatan was not quite clear about these strange proceedings. Though he comprehended Smith's words, he continued to stand stiff and straight as a pine tree.

"Kneel down, oh, Powhatan," urged Smith. "Mistake not, this act is a kingly one. So do all the kings of Europe."

But Powhatan would not. To him the posture was one unfitting to the dignity of a mighty chieftain, ruler over thirty tribes and lord of sixty villages. He would accept presents sent him. He had no objection to wearing a glittering ring upon his head if the white men chose to give him one. But he would not kneel.

Smith was uncertain what to do. He thought a moment, then whispered a word to Newport. The two quickly laid their hands on Powhatan's shoulders and pressed down gently but firmly, a pressure which bowed his knees slightly. Then, before he had time to recover himself, Newport had placed the crown upon his head.

The ceremony was accomplished. According to orders, two soldiers fired a salute with their muskets. Powhatan started suddenly. Nautauquas raised his head like a deer scenting danger. But the calmness of Smith showed them their error.

Powhatan in the red robe and crown seated himself upon the mats that were brought out to him. Then the feast was brought on. Pocahontas came and sat beside Smith.

"Welcome, little Sister," he said, "and how do you like your father's new robes?"

"He appears strange to me," she answered, "but he will not wear them long. It is beautiful, that cloak."

Smith laughed.

"Wouldn't you like to try to wear clothes such as our women wear? Perhaps you may see what they are like before long. For soon we shall see white women coming over on the ships."

"Do white men have women, too?" asked Pocahontas in astonishment.

"Did you think Englishmen could live forever without wife or children at their hearths?"

"And you, my Brother," she asked eagerly, "will your woman and children come soon?"

"I have none, Matoaka."

"If you could take a woman with you, she would wait in your lodge ready to welcome you when you return."

"'It's a pretty picture, Matoaka," he answered, yet he did not laugh at it. "Often I feel lonely and I wonder if someday I shall have a wife."

"There would be none who would refuse you," answered the girl simply. Smith did not take in the significance of her words, but his thoughts were of her.

CHAPTER
9

A Farewell

The late summer sun was beating down pitilessly upon the lodges and open spaces. Off in the woods, near a hollow in a little stream, Pocahontas lay at full length. The leaves of a gigantic red oak shaded her. Through its greenery she could see the heavy white clouds, and once an eagle flying as it seemed straight up into the sun. She was rejoicing in the summer heat. She enjoyed the sleepy feeling that dulled the woodland sights and sound.

Nautauquas was returning from a peaceful mission to a tribe. He made scarcely more noise than the beaver. Pocahontas awoke and raised her head. She loosened the needles from her hair and sprang up.

"Greetings, Matoaka!" called out her brother. "You were hidden here as a deer."

"What news, my Brother?" she asked as he sat down and let his heated feet hang into the stream.

"It is evil news," he answered gravely, "for the friends of the great Captain."

"What has happened to my white Brother?" she cried out, "Tell me at once."

"He was sleeping in his boat, I heard, far off from their island. A big bag of the powder they put into their guns lay in the bottom of his canoe. A spark from his pipe fell upon it. It grew angry and began to spit and burned his flesh till it woke him. In his agony, he sprang into the river to quench the blaze."

Pocahontas shivered. "Where is he now?" she asked. "I wish to go to him."

Her brother looked at her earnestly as if he would question her, but did not. "They say he is on his way to Jamestown and should reach there tomorrow."

As Pocahontas and her brothers returned at sunset to their village, the girl stopped at Wansutis's lodge.

"You have come for healing herbs for your white man," exclaimed the old woman before Pocahontas had spoken a word. "I have them here ready for you." She thrust a bundle into the astonished maiden's hands. Pocahontas walked away in silence.

Before the night was over Pocahontas had started on her way to Jamestown. She went alone. The thunder storms had cooled the air and softened the earth. It was still early in the morning when she reached the town, now grown to be a settlement of fifty houses.

She hastened towards his house. Before she reached it she saw that his bed had been carried outside the door and that he lay upon it, propped up by pillows. She recognized, too, the doctor who was just leaving him. Now in her eagerness she ran the rest of the way. Smith, catching sight of her, waved his hand feebly.

"Alas! My Brother," she cried as she took his hand in hers. She saw how thin it had grown. "Alas! How did you harm yourself?"

"You have heard it, Matoaka?" he answered,

smiling bravely in spite of the pain. "And you have come to Jamestown to bring aid and comfort."

"I have herbs here for your wound," she replied, taking them out of her pouch. "They will heal it speedily. They are great medicine."

"I thank you, little Sister," he answered gently, "for your loving thought and for the journey you have taken. I said to myself: how can I go without bidding farewell to Matoaka? How can I send a message that will bring her here in time?"

"Go!" she exclaimed. "Where will you go?"

"Home to England. The doctor has decided only this morning that his skill is not great enough to save my wound. I must return to the wise men in London to heal me."

"No, no," cried Pocahontas. "You must not go. Our wise women have secrets and wonders you don't know. Your wound shall soon be as clean as the palm of my hand."

"I would like to, little Sister. But gunpowder to them is a thing unknown."

"Then you will go?" she asked in a voice low with

despair.

"Yes, Matoaka, I must or else I will live there." He pointed to the graveyard. "It is a bitter thing to go now and leave my work unfinished, to know that my enemies will be happy—"

"I shall die when you are gone," she interrupted, kneeling down beside him. "You have become a god to Matoaka, a god strong and wonderful."

"Little Sister! Little Sister!" he repeated as he stroked her hair. Once again there came to him the thought he had harbored before. Perhaps when this child was grown he might claim her as a wife. Now this would never come to pass.

She knelt there still in silence. Then she asked, hope and eagerness in her voice: "You will come back to us?"

"If I may, Matoaka. If I live we shall see each other again."

And then with perfect faith that her "Brother" would bring to pass what he had promised, Pocahontas's spirits rose. She did not try to calculate the weeks and months that should go by before she was to see him again. She seated herself beside him on the ground and listened while he talked to her.

"See, Matoaka," he said, his voice growing stronger in his eagerness, "this town is like a child of my own. It is so dear to me. I have spent sleepless nights and weary days. I have suffered cold and hunger. And you, too, have shown it great favors till in truth it has become partly your own and dear to you. Now that I must depart, I leave Jamestown to your care. Will you continue to watch over it, to do all within your power for its welfare?"

"I will gladly, my Brother, when you leave it like a woman without her brave. Not a day shall pass that I will not peer through the forests to see that all be well. I shall whisper to the north wind, and it will not blow too hard. 'Pocahontas is the friend of Jamestown.' I shall call to the sun that it beat not too fiercely upon it. 'Pocahontas loves Jamestown.' I shall whisper to the river that it eat not too deep into the island's banks."

A look of great relief passed over the wounded man's face. Truly it was a wondrous thing that the expression of a girl's friendship was able to soothe his anxieties.

"I thank you again, little Sister," he said. "And now bid me farewell, for there come the sailors to bear me to the ship."

Pocahontas sprang up. She bent over him and poured forth words of tender Indian farewells. Then, as the bearers approached, she fled towards the gates and into the forest.

CHAPTER

10

Pocahontas Lost a Friend

In the three years that had passed since Smith's return to England Pocahontas did not forget the trust he had given her. Many a time had she sent or brought aid to the colonists during the terrible starving time.

But her relations with Jamestown and its people, though most friendly, were no longer as intimate as they had been when Smith was President. And she went there less and less.

Meanwhile affairs in Jamestown had been going from bad to worse. Famine had become an almost permanent visitor there. At last it was decided that

Captain Argall should set forth towards a tribe and bargain with them for grain.

Japezaws, the chief, received him in a friendly manner.

"Yes, we will sell corn to you as I sold it to your great Captain when he first came among us. Will he come again to us? He was a great brave."

Captain Argall answered:

"We have no word from him." Because he was jealous of Smith's fame among the savages, he added, "England has so many great braves that we waste little thought on those that are gone. Jamestown has forgotten him already."

"There is one among us who forgets him not," the chief pointed to the valley behind him.

"Who may that be?" asked the Englishman.

"It is Pocahontas, his friend, who looks eagerly every day for his return. She lives gladly amongst us, for she grows restless as a young brave."

A thought flashed through Argall's brain.

"Listen!" said Argall. "You know that Powhatan has stolen from us various arms and keeps in captivity some of our men. If he will make peace with us we need not take our war party through the forests to Werowocomoco. And the lives of many Indians will be spared. If we held a hostage of Powhatan, someone who was dear to him, we could force him to do as we would."

He paused and glanced at the Indian who betrayed nothing.

"If you will entrust the Princess Pocahontas to us," continued Argall, "she shall be taken to Jamestown and there detained in all gentleness, in the house of a worthy lady, until Powhatan agrees to our terms. And she will be conveyed in safety to her father. And for you, for your help in this matter, such presents shall be sent to you as you have never seen. Not even Powhatan has yet received."

The chief was silent a little. The maiden was his guest, and his people had always upheld the sacred duties of hospitality. But he knew that no harm would happen to her. The friendship of the English for her was known to all his tribe. He wasted neither time nor words:

"Meet me here at sunset, and I will bring her to you."

Claw-of-the-Eagle had hated the white men from the beginning. One day his mother said to him, "Son, it is time now that you should take a woman. Look about you, my son, and choose." He had no need to look about and choose. He had made his choice. Even though she was the daughter of the great Powhatan, he did not doubt that the chieftain would give her to one of his best braves.

He approached the village of Japezaws at the end of his journey. Knowing that he was among a friendly allied tribe, he walked along openly and carelessly. Suddenly, like a deer that scents a bear, he stood still.

"A white man," he thought, long before his eyes caught sight of him.

Concealed by the tree, he waited and watched. To his astonishment he found that the women who accompanied the English captain were Pocahontas and the wife of Japezaws.

Claw-of-the-Eagle waited to see what would

happen next. After an hour's watching he saw the two women approach the shore. The chief's wife sprang to the bank and ran lightly into the forest. Pocahontas tried to follow her when Captain Argall took hold of her arm.

"Come with us to Jamestown, Princess," he said. "We will welcome you for a visit."

Pocahontas's anger flared up. Never in her life had she been restrained by force. She sought to wrench herself away from him. But the Englishman held her firmly but gently. While she struggled the sailors shoved the boat out into the stream.

Claw-of-the-Eagle rose that he might take better aim and shot an arrow at the Englishman. It hit the astounded captain on his leather doublet, but did no more than knock the wind out of him.

"Shoot into the trees there," he commanded, still holding on to Pocahontas. Claw-of-the-Eagle was hit in the shoulder. As he fell Pocahontas uttered a cry of horror.

It was the second night of Pocahontas's captivity.

By nightfall the boat was anchored in the center of the stream. Here the stream widened out into a small bay.

Pocahontas lay alone in the stem. Her head pillowed on a roll of sail cloth. Argall had done everything he could to make her comfortable. Now she had fallen asleep, her eyes wet with the tears she would not shed during the daylight. She dreamed she was again at home and that she had just risen from her sleeping-mat to run out into the moonlight as she so often did.

Suddenly a faint, faint sound half wakened her. It was a sound scarcely louder than the lapping of the water against the sides which had lulled her to sleep. She opened her eyes but did not move. She waited, tense with excitement. Then it came again, not louder than the wind in the trees on shore:

"Pocahontas!"

Raising herself to her elbow with a motion as quiet as a cat's, she peered into the dark water over the stern. A hand came up from the darkness and clasped her wrist. She needed no great light upon the face below to know whose it was.

"Claw-of-the-Eagle," she whispered, "is it you? I thought the white man's gun had killed you. I have been mourning for you."

"I lay dead for an hour," he answered as he lifted himself up in the water and hung with both hands to the sides of the boat. "But it was well that I was wounded on the shoulder and not on the leg."

"I knew you would come after me if you were not killed," she whispered.

"Yes, I have come for you, Pocahontas," and there was manly decision now in the youth's voice. "Waste no time. Drop down here beside me quietly. We will swim under water until we are beyond reach of the white men."

"I cannot go with you, Claw-of-the-Eagle."

The young brave uttered a low murmur of astonishment.

"Do you know," he asked, "that Japezaws has betrayed you? You are kept captive in Jamestown in order to force the Powhatan to do whatever the English desire of him."

"Yes, I know. Captain Argall has told me all."

"And are you afraid to try to escape?"

She whispered, "I decide to go to Jamestown."

"But why?" asked Claw-of-the-Eagle.

"Because by going I believe I can serve both our nation and the English. My Brother, John Smith, said we must be friends. I promised him to watch over the welfare of his people. My father loves me so much. In order to free me I think he will do as the English wish. And so I will go with Captain Argall that the strife may cease between them and us."

"Then you will not come with me? I had built a lodge for you, Matoaka, with a smoke hole wide enough to let in the whole moon you love. "

"I thank you, Claw-of-the-Eagle, for all you have done," she whispered, "and all you would do for me. There is no braver warrior in the thirty tribes and no better hunter than you. But go quickly before the sailors awake. Hasten back to Powhatan and tell him that he must buy Pocahontas's freedom from the English by returning their men he holds prisoners."

While she was still speaking the young brave's

mind was working rapidly. If she would not come willingly, he would carry her off against her will for her good. Rescue Pocahontas! And in addition—kill the hated white men! There were not many of them and they were all asleep. While he and Pocahontas had talked he had pulled himself out of the water and thrown his legs over the stern. Now he rose and whispered:

"Before I go I would know what their canoe is like. Do not worry. There is no danger, only do not stir."

She wished to complain with him, but he was already a few paces ahead of her. She did not dare call out to him. She saw him draw near to a sleeping sailor and stab him to the heart. The second victim was killed as easily as the first, and the third.

The young brave felt about for Captain Argall. Already the dawn was coming. He bent over one of them. His hand touched the cheek of the man instead of the mouth. The sailor cried out instantly even before he was awake. Claw-of-the-Eagle ran for the stern. He meant to rescue Pocahontas. He dashed towards her, followed by the sailor. Argall and the two others of the crew, roused at the outcry, were at their heels. Claw-of-the-Eagle caught Pocahontas in his arms. Before she knew what was happening, he had sprung with her into the river.

The sailor, who had been but slightly wounded by the young brave's knife, had seized his musket as he ran.

"Do not shoot, Mark!" called out Argall breathlessly. He did not know what had happened. "The Indian princess is there in the water. Don't shoot!"

Mark, however, had already made out the two figures in the water. Just as Claw-of-the-Eagle, hampered by his wounded shoulder, was about to sink below the surface of the river to swim under water, Mark took aim. The bullet hit the top of the head, but did not penetrate very deeply.

Pocahontas saw that he was not badly wounded. But the blood was running down his face and into his mouth and nose. It was impossible for him to breathe deeply enough to swim under water. His weakness from his other wound, too, made his motions slower.

With a few rapid strokes she had reached the brave and flung her arm under his wounded shoulder, bearing him up.

"Now, Claw-of-the-Eagle," she cried, "let us make for the shore. They will not dare fire at me."

Argall and his men watched their hostage and the murderer making their escape, while they seemed powerless to prevent it. Though Claw-of-the-Eagle's strokes grew slower and slower, Pocahontas's strength was aiding him. Once on shore, the Englishmen knew that even though delayed by his wound, the two could hide. No white man could find them. Besides, it was likely that other Indians might be lurking in the forest.

But Mark was not one who willingly gave up a chase he had begun. He saw that the two had reached a willow tree with roots that lay twisted about each other across the surface of the river. He realized how disastrous it would be to injure the daughter of the Powhatan. Nevertheless, he determined to take a chance.

To the horror of his captain, he took careful aim and fired. This time the bullet found its mark—it hit the young brave in the back of his head and penetrated the brain.

In horror Pocahontas tried to catch him in her arms before he sank heavily, with no sound, out of sight. Gone! So quickly! Dead! The boy who had been her friend, who had tried to save her!

She could not weep as she floated along with no conscious movement. Then slowly she turned and swam back towards the boat. The sailors wondered if she was in truth returning to them. She let herself be helped over the side by Captain Argall.

"I will go with you to Jamestown, now," was all that she said. She gave no explanation of what had happened and refused to answer their questions, or to tell them why she had chosen to go with them when she might have regained her freedom.

CHAPTER

11

John Rolfe

Pocahontas was very unhappy during the rest of the voyage to Jamestown. Claw-of-the-Eagle had been dear to her as a brother, and she sorrowed for him greatly. She longed for Nautauquas, whom she had not seen for several days.

News of their coming had outrun them. All of Jamestown was at the wharf to greet them. Captain Argall stepped ashore and explained that he had brought the daughter of Powhatan. Sir Thomas Dale came forward.

"Welcome, Princess. Don't be angry with us. We would like you to stay for a few days with us. You have saved the life of Captain Smith."

Pocahontas was angry at the treachery practised on her. But the name of Captain Smith disarmed her. She recalled her white Brother's parting words to her.

So she smiled at Sir Thomas and spoke to those about whom she knew. She let them show her the way to the house that they chose for her use. It was a few paces from the Governor's. Pocahontas forgot the dangers and sadness of the past days.

"They are sending messengers to your father, King Powhatan," an English woman said as she showed Pocahontas to the house. "They will tell him that you are here. Then surely in his anxiety to see you again, he will grant what Sir Thomas desires. Perhaps you would like to send some word to your father. If so, there is an Indian boy who has brought fish to trade. He can bear it for you."

"Bring him to me, please," said Pocahontas, speaking slowly the English words.

She was looking at herself in the mirror that hung opposite the door. When the Indian boy entered, she saw his face in the glass and recognized him as the son of a chief. She turned and faced him.

"Little Squirrel! Take this sad message to old Wansutis. Tell her that her son, Claw-of-the-Eagle, has met his death bravely and that Pocahontas mourns him with her."

The next day the messengers came back, bringing with them the Englishmen who had been held captive by Powhatan and some of the arms. The chieftain promised that when his daughter was restored to him he would give the corn to the white men.

This answer did not satisfy the Englishmen. Day by day there were negotiations between the white men and the red men. They sought to constrain or evade each other. Each side recognized the value of Pocahontas as a hostage. Now she was not unhappy. She was made welcome everywhere, and she went from the guard house to that of the Governor. She is always asking questions, eager to learn all details, from the way to fire off a musket to the heating of the sealing wax.

Master John Rolfe, Secretary General of the Colony, explained everything to her. He took pains to choose the simplest words. He found a keen pleasure in watching her dark eyes brighten when she began to comprehend something which had puzzled her. He was a widower. Though he had got over the sadness of the loss of his wife, he still missed a woman's companionship.

And Rolfe found himself kept as busy as Mr. Squirrel himself in cracking her questions for her.

She soon got over her awe of the white men. Now that she had a closer view of them, she judged that they were in many ways like her own people. And seeing that her lightheartedness was pleasant to them, she teased and joked with them. One of the reasons that Pocahontas was content to remain in Jamestown was that she hoped to get news of Captain Smith's return.

To John Rolfe the little Indian maiden grew lovelier every day. He spent much time with her, strolling all over Jamestown island and even the mainland. In the woods she taught him as much as he taught her in the town: to observe the habits of the wild animals and to find his way through a trackless forest. Often they would go in a boat to catch fish or to dig for oysters in the Indian fashion.

At times Rolfe was very happy, and at other moments perplexed and cast down. It was joy for him to be in the company of the Indian maiden. She made him feel how splendid a thing was life and how full of interest and beauty the woods, fields and river. But when the thought of marriage came to him he remembered the difficulties in the way. Why should an English gentleman choose her instead of a woman of his own race?

Then, even if he were willing, it was unlikely that Powhatan would agree to let his daughter wed a white man or the Governor on his side allow it. So he pondered. No matter what the obstacles in his way, he came back again and again to his determination to win Pocahontas's love and to marry her.

One day when Pocahontas appeared at the door, she found some men waiting for her. While the men doffed their hats, she asked:

"What has happened, sirs, that so many come to visit us at one time?"

No one was anxious to be the first to answer. But since some reply was necessary, the councilor said slowly and solemnly:

"We have come, Princess, to condole with you at the death of your friend, Captain John Smith."

"Dead!" cried Pocahontas. "He is dead?"

And the men, who wished not to burden their consciences with a spoken lie, all nodded assent. They thought to see the girl burst into tears or run away, as they had more than once seen her do when she was displeased. But instead she stood still, her face as motionless as a statue's.

The next morning she stood on the shore. Her face turned eastward towards the sea across which he had sailed away. She was bewailing her "Brother" in the manner of her people.

John Rolfe found nothing amiss with Pocahontas when he saw her the next day. None of the conspirators tell him of the false news they had communicated to Pocahontas.

And his wooing was very gentle and wonderful to Pocahontas. No Indian lover, she knew, ever won his woman in this way. She listened to his words with amazement when he told her that he wanted her to be his wife, to make a home for him in this new land. She gave him her word. She felt as if she were the very heroine of one of the tales she had listened to so often.

Sir Thomas Dale grew impatient for a settlement of their differences with Powhatan. So he decided to go to Werowocomoco and take Pocahontas with him to act as peacemaker. Pocahontas requested Sir Thomas:

"Let me go among my people. They will listen to me and I will hasten to my father. When he sees me once more he will deny me nothing. And it is a long time since I have looked upon his face," she pleaded. At last the truce was extended until the autumn and finally peace was made.

Rolfe and Pocahontas were married in April. Powhatan did not attend his daughter's ceremony. But he happily gave his consent and sent his brother and his sons to represent him.

CHAPTER

12

Pocahontas in England

In the two years which had passed since her marriage, the little Indian maiden had learned many things. She had learned to speak fluently the language of her husband's people, to wear in public the clothes of his countrywomen, and to use the manners of those of high estate.

She was a happy and dutiful wife. She could never forget that she was a mother. Her wonderful little Thomas was not as white as his father, nor as dark as herself. She enjoyed the fun when she was with him. She would take him down to a stream and let him lie naked on the warm rocks. She would sing Indian songs to him and tell him stories of the beasts in the woods, even if he were too little to understand them.

It was an eager, happy Pocahontas that set sail with her husband to England. Powhatan sent a chief with them to observe the English and their ways in their own land.

Everything interested Pocahontas on the voyage. During the long evenings on deck Rolfe told her stories of real deeds of English history and fancied romances of poets. All were equally wonderful to her.

She could scarcely believe after she had sailed so many weeks over the unchanging ocean. Then one day a grey cloud rested on the eastern horizon. Pocahontas saw a new look in her husband's face as he caught sight of it.

"England!" he cried, and then he lifted little Thomas to his shoulder, "Look at your father's England."

Even before they stepped ashore at Plymouth Pocahontas's impressions of the country began. On board the ship came officers to greet her. As they rode slowly on their way to London at every mile of the road she cried out with delighted interest. She questioned Rolfe without ceasing about the timbered cottages, the beautiful hedges, the rich farms filled with horses and cattle. At midday and at night when they stopped at the inns, she was eager to examine everything. But even in her girlish eagerness she bore herself with a dignity.

The nearer they drew to London the more there was to see. The highway was filled with those coming and going from town. Many stared at Pocahontas and questioned the servants about her. When they reached the outskirts of London the crowds increased.

The days that followed were filled with strange and new enjoyments. She drove in the parks and was rowed down the river in gorgeous barges. She received the great ladies who came out of curiosity to see for themselves what an Indian princess might be like. All of them had only kind things to say about the gentle lady.

The Bishop of London was in especial interested in this noblewoman. He was her escort on many occasions and decided to give a great ball in her honor.

After the dance Pocahontas's eyes caught sight of an older woman whom Rolfe was escorting towards her. There was something about her appearance that was very pleasing.

"This is Lady De La Ware, whose husband, you know, was Governor of our Colony," said Rolfe. "She has brought these English roses to you." Then he strolled off, leaving the two women together.

"They are very beautiful, your flowers," said Pocahontas, "and sweeter than the blossoms that grow in my land."

"Those are wonderful, too. I have heard of many glorious trees and vines which grow there and I would that I might see them."

"If you will cross the ocean with us when we return I will show you many things that would be as strange to you as your land is to me. I would take you to my father and he would give dances in your honor."

Lady De La Ware smiled. She had been told

something about the Indian customs.

"Perhaps someday you will take me to your father's court. But now I am coming to take you to that of our Queen. She has expressed her desire to see you shortly. Captain John Smith has written a letter about you. She was eager to do honor to you."

"Captain John Smith has written to the Queen about me?" said Pocahontas, marveling.

Lady De La Ware did not know that Pocahontas believed Smith dead. Pocahontas, not imagining anything else, thought Smith must have written this letter from Jamestown before he died. Her heart grew warm thinking how, even dying, he had done what he could for her happiness.

It happened not long after that Pocahontas and Rolfe were being entertained at a fair country seat. An English girl was showing her through the beautiful old garden. "But see," she peered through an opening in the high hedge, "there comes Master Rolfe with a party of gentlemen. Ah! One of them is a brave figure of a man. It is Captain John Smith, and of course he is coming to greet you."

It seemed to Pocahontas that hours elapsed during the few minutes, while her husband was guiding her guests to her through the garden's winding mazes. How could Smith be alive when she knew that he was dead? She caught in the distance the sound of his voice. She asked herself if in truth she had ever heard of his death in Jamestown.

The well-known voice was no longer weak. There they were, the gentlemen all bowing to her but remaining in the background. Rolfe came forward with Smith.

"I have brought you an old friend," he said.

Pocahontas saluted him, but words were impossible. After a modest salutation, without any word, she turned about and obscured her face. Seeing that she preferred to be alone, the men departed to talk over the affairs of the Virginia Colony since Smith had left Jamestown. Pocahontas was sitting quietly on a garden bench near the carp pond. She went over in her thought all that had taken place in her own life since then.

Then she saw him coming towards her again, alone. She stretched out her hand to him. "Do you remember the old days when you were my prisoner?"

"I remember well. My Lady," he said, leaning down to kiss her hand, "and I am ever your most grateful debtor."

"Call me not by that. Matoaka am I for you as always. Do you remember when I came at night through the forest to warn you?"

"I remember, Matoaka. How could I forget it?"

"Do you remember the day when, lying wounded before your door, you made me promise to be ever a friend to Jamestown and the English?"

"I have thought of it many a day."

"I have kept my promise, have I not?"

"Nobly, Matoaka."

Then Pocahontas tossed her head emphatically. This gesture brought back to Smith the bright young Indian maiden.

Pocahontas then spoke a few words to him in the Powhatan tongue, anxious to see if he still remembered it. And he answered her in her language.

She was silent, but Smith could see that something was disturbing her.

"What is it, Matoaka? What words wait to cross your lips?" he asked.

"They told me that you were dead," she replied. "I knew no more till I came to Plymouth. But my father commanded to seek you and know the truth, because your countrymen will lie much."

"Think of it no more. Little Sister, if you still let me call you that. I am not dead yet and I have many journeys to make."

"I shall not be here. I have been happy here in your land, but I am now suffering from an illness. They tell me it is called homesickness."

"That is an illness which may be easily cured, Matoaka. But when you return don't forget England and the friends who can never forget you."

In the days that followed Lady De La Ware accompanied her to the Queen.

"I thank you for coming," the Queen said graciously. "I have much desired to see you. Captain

Smith was right when he reminded me of what our people owe you, he most of all."

"He was dear to my people also," answered Pocahontas.

When Pocahontas left, the Queen said that the Indian princess was one of the gentlest ladies England had ever welcomed.

有声双语经典

地心游记	A Journey to the Center of the Earth
海底两万里	20,000 Leagues Under the Sea
爱丽丝漫游奇境	Alice's Adventures in Wonderland
野性的呼唤	The Call of the Wild
圣诞颂歌	A Christmas Carol
基督山伯爵	The Count of Monte Cristo
福尔摩斯探案	The Adventures of Sherlock Holmes
伊索寓言	Aesop's Fables
绿山墙的安妮	Anne of Green Gables
海蒂	Heidi
巴黎圣母院	The Hunchback of Notre Dame
简·爱	Jane Eyre
格林童话	Grimm's Fairy Tales
雾都孤儿	Oliver Twist
秘密花园	The Secret Garden
奇幻森林	The Jungle Book
小妇人	Little Women
傲慢与偏见	Pride and Prejudice
绿野仙踪	The Wonderful Wizard of Oz
隐身人	The Invisible Man
大卫·科波菲尔	David Copperfield
三个火枪手	The Three Musketeers
金银岛	Treasure Island
哈克贝利·费恩历险记	The Adventures of Huckleberry Finn
鲁滨逊漂流记	The Adventures of Robinson Crusoe
汤姆·索亚历险记	The Adventures of Tom Sawyer
远大前程	Great Expectations
彼得·潘	Peter Pan
双城记	A Tale of Two Cities
柳林风声	The Wind in the Willows
小王子	The Little Prince

一千零一夜	Tales from the Arabian Nights
安徒生童话	Andersen's Fairy Tales
希腊神话和传说	Favorite Greek Myths
老人与海	The Old Man and the Sea
木偶奇遇记	The Adventures of Pinocchio
风中奇缘	The Princess Pocahontas
堂吉诃德	Adventures of Don Quixote
飞鸟集	Stray Birds
王子与贫儿	The Prince and the Pauper
快乐王子	The Happy Prince and Other Stories
格列佛游记	Gulliver's Travels
麦琪的礼物	The Gift of the Magi and Other Stories
昆虫记	Insect Adventures
莎士比亚悲剧故事	Tragedies from Shakespeare
莎士比亚喜剧故事	Comedies from Shakespeare
妈妈的银行账户	Mama's Bank Account
流萤集	Fireflies
花木兰	Hua Mulan
爱的教育	Cuore: The Heart of a Boy
伊利亚特	Iliad

图书在版编目（CIP）数据

风中奇缘 /（美）弗吉尼亚·沃森（Virginia Watson）著；许丹译．—南京：译林出版社，2023.9
（有声双语经典）
ISBN 978-7-5447-9710-8

Ⅰ.①风… Ⅱ.①弗… ②许… Ⅲ.①英语－汉语－对照读物 ②中篇小说－美国－现代 Ⅳ.①H319.4：I

中国国家版本馆 CIP 数据核字（2023）第 114482 号

风中奇缘 ［美国］弗吉尼亚·沃森／著 许 丹／译

责任编辑 田 智
装帧设计 侯海屏
校 对 王 敏
责任印制 董 虎

出版发行 译林出版社
地 址 南京市湖南路 1 号 A 楼
邮 箱 yilin@yilin.com
网 址 www.yilin.com
市场热线 025-86633278
排 版 南京展望文化发展有限公司
印 刷 江苏凤凰新华印务集团有限公司
开 本 850 毫米 ×1168 毫米 1/32
印 张 6.125
插 页 4
版 次 2023 年 9 月第 1 版
印 次 2023 年 9 月第 1 次印刷
书 号 ISBN 978-7-5447-9710-8
定 价 32.00 元